Alexandra Schedel-Stupperich · Mit Hengsten leben

Handbuch für Pferdebesitzer

Alexandra Schedel-Stupperich

Mit Hengsten leben

Müller Rüschlikon

Inhalt

Stattlich schreitet der Hengst
und erscheint wie der Vorfahre aller Hengste.
Wenn er anmutig über die rauschenden Wogen
des Flusses springt,
hält ihn kein Gebiß im Zaum,
denn er ist der beste von dreihundert.

Streifst du das Leder über sein Gesicht mit der Blesse,
so wölbt er den Hals wie ein Schwan.
Mit seiner kurzen lockigen Mähne
ist er schön und strahlend wie ein Bogen.
Und wie die Schaumkrone der rauschenden Woge im Meer
bauscht sich seine Mähne im Wind.

Sein Körper besteht nur aus Muskeln –
das Bildnis in Wachs von Llanguring.
Feuer entspringt seinen Augen,
und sein Fell glänzt wie Glas.
Mächtig wie ein Löwe, so ist er.

Das ist der Hengst, der nach Welshpool kommt,
und meine Hand liegt auf seiner lockigen Mähne.

Frei übersetzt nach Guto'r Glyn (1445-1475)

Mythos Hengst

Der Hengst gilt als Inbegriff von kraftvoller Ausstrahlung, Wildheit und Stärke.

Die Wurzeln der Beziehung zwischen Mensch und Pferd liegen im Nebel der Mythen begraben. In der Antike wurde das Pferd als Gottheit verehrt – erleichterte sein stolzes, mutiges und kraftvolles Wesen doch die Assoziation zum Überirdischen. Der griechische Gott Poseidon beispielsweise nahm in der Vorstellung der Menschen die Gestalt eines Hengstes an und vereinigte sich so mit der in eine Stute verwandelten Demeter.

Doch nicht nur im spirituellen Bereich hatte das Pferd Symbolcharakter. Die mit dem Hengst und seinem mythischen Hintergrund verbundenen betont männlichen Eigenschaften wie Kampfgeist, Stärke, Mut und sexuelle Potenz machten ihn seit jeher auch zum Statussymbol von Herrschern und Kriegshelden.

Früher war es allerdings auch nichts Ungewöhnliches, einen Hengst zu reiten, denn über die Kastration hatte man noch nicht nachgedacht. Die großen Völker der Antike waren fast ausschließlich Reitervölker. Sie bedienten sich der Pferde, von denen zweifellos die Hälfte männlichen Geschlechts war, für ihre Streifzüge durch die Geschichte – denken wir beispielsweise an die Kelten, die Griechen und die Hunnen. Gemeinsam mit den Helden setzte man deren Pferden Denkmäler und machte sie so unvergeßlich. Alexander der Große benannte sogar eine ganze Stadt nach seinem Lieblingspferd, dem Hengst Bukephalos.

Mit dem Beginn des sportlichen Reitens verloren die Hengste ihre Vormachtstellung als vierbeinige Stars: Die modernen Pferdehelden waren nun fast ausnahmslos Wallache. Sie haben sogar die Stuten aus dem Bereich des Spitzensports verdrängt, denn Kastraten gelten als umgänglicher, friedfertiger und leistungsbereiter. Doch seit einigen Jahren findet sowohl im Sport als auch im Bereich des Freizeitreitens eine Trendwende statt. Vor allem bei Freunden des barocken Reitens erfreuen sich Hengste wieder großer Beliebtheit.

Wie viele Schwierigkeiten allerdings mit der Haltung eines Hengstes – gleich welchen Alters – auf einen zukommen, merkt man meist erst dann, wenn man einen besitzt. Die Probleme beginnen damit, daß kaum ein Pensionsstall bereit ist, einen Hengst aufzunehmen – folglich müssen Reit- oder Deckhengste in der Regel das Leben von Einsiedlern führen.

Die Meinung, Hengste seien im Vergleich zu Wallachen und Stuten schwieriger zu reiten und im Umgang aggressiver, ist weit verbreitet. Es gibt eine Unmenge von Gerüchten rund um die Hengsthaltung – es wäre müßig, sie alle aufzuzählen. Größtenteils entspringen sie einfach der Unkenntnis. Schließlich lag die Hengsthaltung, insbesondere bei den Warmblütern, seit dem Ende des zweiten Weltkriegs hauptsächlich in staatlichen Händen und wurde per Gesetz geregelt.

Doch die europäische Einheit wirkte sich auch auf die Hengsthaltung aus. Es entstanden zunehmend private Deckstationen, und in der Zucht von Ponys und Spezialrassen befinden sich sogar fast alle Hengste in privatem Besitz. Daneben gibt es eine ganze Reihe von Pferdeliebhabern, die der Faszination der Hengste erlegen sind, ohne besondere züchterische Ambitionen zu haben. Wer jedoch der Hengsthaltung nicht traditionell verbunden ist oder sich beruflich ausschließlich damit befaßt, steht mit den aufkommenden Problemen recht alleine da.

Die Praxis hat gezeigt, daß die meisten Schwierigkeiten im Umgang mit Hengsten hausgemacht sind. Sie entstehen durch grundlegende Fehler in der Aufzucht und der Haltung sowie durch mangelnde Kenntnis der Psyche und des Verhaltens von Hengsten. Gerade in diesen Bereichen ist das Prinzip von „Versuch und Irrtum" völlig fehl am Platze – es kann fatale Folgen haben!

Eine vertrauensvolle Partnerschaft zwischen Hengst und Mensch muß kein Wunschtraum bleiben.

Doch Fehler können durchaus vermieden werden, denn der Hengst ist schon lange nicht mehr „das unbekannte Wesen“. Seit etwas mehr als fünfzig Jahren wird von Wissenschaftlern aus aller Welt das Verhalten von Hengsten in freier Wildbahn, unter Zoo- und Domestikationsbedingungen erforscht. Viele Vorurteile mußten seither revidiert, viele Klischees verworfen werden.

Das Bild des eifersüchtigen Herdenpaschas, der seine Frauen gegen Rivalen bis aufs Messer verteidigt, sollte eigentlich schon lange aus der Literatur und aus unseren Köpfen verbannt sein. Nichtsdestotrotz hält es sich hartnäckig – mit katastrophalen Folgen für die Haltung und den Umgang mit Hengsten.

Dieses Buch zeigt, daß der weitgehend problemlose Umgang mit Hengsten durchaus möglich ist – sofern man als Hengsthalter bereit ist, sich ständig in Selbstbeherrschung und Konsequenz zu üben. Und es räumt mit Vorurteilen auf: Zwischen Isolationshaft und Gruppenhaltung um jeden Preis gibt es eine Menge sinnvoller Lösungen, die nicht nur die Bedürfnisse der Hengsthalter und -besitzer, sondern vor allem auch die der Pferde selbst befriedigen.

Alexandra Schedel-Stupperich

Die Autorin

Alexandra Schedel-Stupperich befaßte sich bereits während ihres Biologiestudiums ausführlich mit dem Thema Verhaltensforschung. Die begeisterte Reiterin und Betreiberin einer Welsh-A- und Welsh-Cob-Zucht hat langjährige Erfahrung in der Hengstaufzucht und -haltung sowie im Umgang mit Hengsten. Alexandra Schedel-Stupperich schreibt regelmäßig für verschiedene Pferdefachzeitschriften und hat bereits mehrere Bücher veröffentlicht. Sie lebt mit ihrem Mann, ihren drei Kindern und vielen Tieren in der Nähe von Höxter.

Wir kaufen uns ein Hengstfohlen

Sind sie nicht süß, die beiden? Trotzdem: Liebe auf den ersten Blick ist nicht die richtige Motivation für den Kauf eines Hengstfohlens. Man sollte schon etwas genauer hinschauen.

Worauf Sie beim Kauf achten sollten

Mit dem Kauf eines Fohlens verbindet man in der Regel die Hoffnung, daß das Tier als ausgewachsenes Pferd über bestimmte Exterieur- und Interieurmerkmale verfügen wird. Man kauft sozusagen „die Zukunft".

Wer sich in der Fohlenbeurteilung jedoch nicht auskennt, dem kann es bei einem solchen Kauf wie beim Blick in die Kristallkugel gehen. Gerade der Laie „verguckt" sich leicht in ein zugegebenermaßen recht niedliches Fohlen und übersieht dabei grundlegende Mängel. Doch der Kauf eines Pferdekindes sollte wohl bedacht sein, wenn man nicht nach drei oder vier Jahren eine derbe Enttäuschung erleben will.

Wie man an ein Hengstfohlen kommt

Wenn man ein Hengstfohlen in der Absicht kauft, es Hengst sein zu lassen, sollte man grundsätzlich nur Tiere mit gutem Pedigree in Betracht ziehen. Zweifellos gibt es auch wunderschöne Hengstfohlen ohne solche Papiere. Doch der Abstammungsnachweis gibt dem Käufer zum einen mehr Sicherheit, ein Jungpferd im Stall stehen zu haben, das später einmal über bestimmte Eigenschaften verfügen wird. Zum anderen hat man die Chance, einen solchen Hengst auch einmal zur Körung vorstellen zu können.

Um ein gutes Fohlen zu finden, müssen Sie nicht unbedingt weit fahren. Fragen Sie beim Zuchtverband nach einem renommierten **Züchter** aus Ihrer Gegend, bei dem möglichst mehr als nur ein Hengstfohlen zum Verkauf steht, damit Sie vor Ort schon eine Vergleichsmöglichkeit haben. Lassen Sie sich bei Ihrer Kaufentscheidung Zeit: Beobachten Sie die körperliche und geistige Entwicklung des Fohlens, und versuchen Sie nach Möglichkeit, schon bei Ihren Besuchen im Züchterstall einen Draht zu ihm zu bekommen. Lassen Sie sich beraten, aber nichts einreden.

Eine größere Auswahl und zugleich eine Richtlinie in der Qualitätsbestimmung bieten die **Zuchtschauen**, die es inzwischen für so ziemlich jede Rasse gibt. Die Termine von Regional- und Bundesschauen werden in den einschlägigen Fachzeitschriften veröffentlicht. Während einer solchen Schau gibt es zahlreiche Möglichkeiten, Züchter anzusprechen und die Vorstellungen von Ihrem Wunschfohlen darzulegen.

Bei den **Fohlenauktionen**, die im Herbst insbesondere im Warmblutbereich stattfinden, hat man ebenfalls gute Vergleichsmöglichkeiten. Allerdings kann der Besucher einer Auktion eine Kaufentscheidung nicht noch einmal überschla-

Nur wer in der Lage ist, ein Fohlen anhand seines Pedigrees und einer „Momentaufnahme“ sicher zu beurteilen, sollte den Kauf auf einer Auktion in Erwägung ziehen.

fen. Er muß kurz entschlossen handeln – und möglicherweise wird das „Traumfohlen“ so teuer, daß man es nicht mehr bezahlen kann. Außerdem gewinnt man bei einer Auktion nur einen sehr kurzen, einseitigen Eindruck – nämlich den unter Schaubedingungen, die für die Fohlen ja sehr stressig sind. Einem Fachmann genügt diese Momentaufnahme in Verbindung mit dem Blick ins Pedigree; der normale Pferdehalter ist dagegen meist ziemlich überfordert. Noch viel weniger ist er in der Lage, sich während des kurzen Auftritts im Auktionsring eine Vorstellung vom Interieur des Fohlens zu machen. Doch gerade Charakter, Temperament, Intelligenz und Lernbereitschaft gehören für den Hengsthalter und -reiter zu den wichtigsten Kriterien.

Fohlenbeurteilung mit Kennerblick

Ein Fohlen einigermaßen realistisch einzuschätzen, ist eigentlich gar nicht so schwierig. Schon unsere Vorfahren wußten, daß die wichtigsten Längen- und Winkelungsverhältnisse der einzelnen Knochen zueinander bei einem wenige Tage beziehungsweise Wochen alten Fohlen bereits mit denen des ausgewachsenen Pferdes identisch sind. So lautet eine alte Züchterweisheit: „Betrachte dein

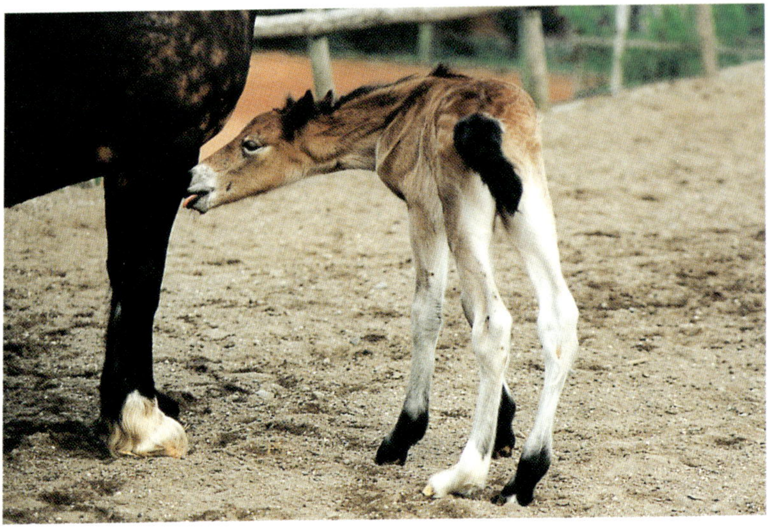

Auch wenn die grundsätzlichen Exterieurmerkmale bereits bei sehr jungen Pferden zu erkennen sind, sollte man sich nicht vom ersten Eindruck täuschen lassen. Diese Aufnahmen zeigen dasselbe Pferd: oben im Alter von 13 Stunden mit völlig „verstellten" Beinen und unten als Zweijährigen mit geradezu perfektem Exterieur.

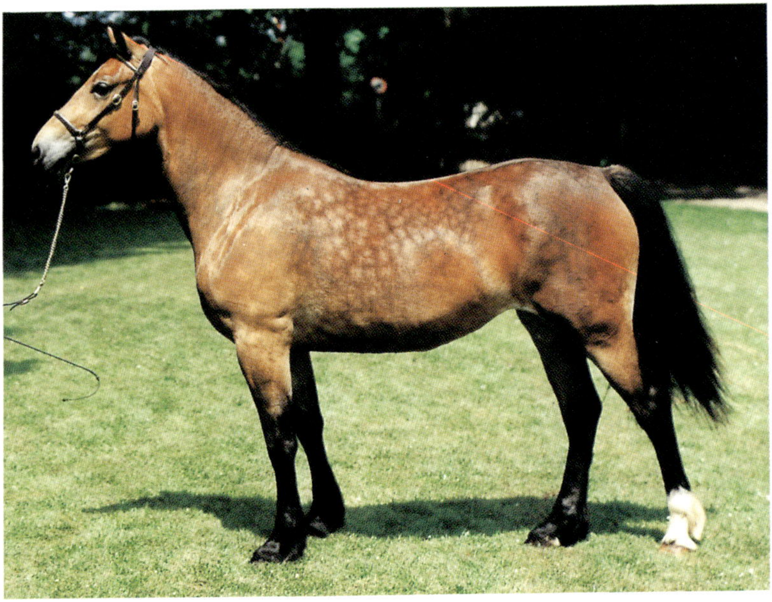

Pferd mit drei Tagen, drei Wochen und drei Jahren!" Bei Spätentwicklern sollte man die Drei allerdings durch eine Vier ersetzen.
Im Grunde sind also beispielsweise eine sehr steile Schulter, ein tief angesetzter Hals oder eine ungünstige Winkelung der Hinterhand schon beim Fohlen erkennbar. Auch das Verhältnis von Vorhand, Mittelhand und Hinterhand entspricht bereits dem des ausgewachsenen Pferdes.
Wie geht man nun bei der Beurteilung eines Fohlens vor? Gewinnen Sie zunächst in aller Ruhe einen ersten Eindruck. Wie wirkt das Tier als Ganzes auf Sie? Entspricht es in seinem grundsätzlichen Äußeren Ihren Vorstellungen? Betrachten Sie das Fohlen anschließend genauer. Orientieren Sie sich dabei an den fünf Merkmalen Typ, Gebäude, Bewegungsvermögen, Wuchs und Gesamteindruck.

Der **Typ** eines Fohlens wird durch Rasse-, Geschlechts- und Nutzungsmerkmale bestimmt. Lassen Sie sich dabei nicht von edlen Köpfen und hübschen Augen täuschen, sondern die ganze Persönlichkeit des Pferdes auf sich einwirken. Entspricht das Fohlen tatsächlich dem angestrebten Rassestandard? Würden Sie das junge Pferd auf Anhieb als Hengst erkennen?

Das **Gebäude** eines Pferdes steht in engem Zusammenhang mit seiner Rasse und seiner möglichen Nutzung. Bei einem Reitpferd sollten Sie nach Abzug aller rassespezifischen Merkmale auf folgende Punkte achten: Zunächst betrachtet man das Pferd von der Seite und unterteilt es im Geiste in Vor-, Mittel- und Hinterhand. Hierzu fällt man ein Lot vor dem Buggelenk, zwischen dem neunten und dem zehnten Rückenwirbel, durch den Beckenhöcker und hinter dem Sitzbeinende. Für Reitpferde, die im modernen Sportpferdetyp stehen, gibt es eine einfache Formel für das richtige Verhältnis dieser drei Körperpartien zueinander: Vorhand plus Hinterhand dividiert durch zwei entspricht der Länge der Mittelhand (kurzes Rechteckformat).
Der Kopf sollte wohlgeformt sein und ins Rassebild passen, die Maulspalte wünscht man sich ausreichend lang. Idealerweise ist der Kopf mit guter Ganaschenfreiheit in einem Winkel von circa 90 Grad an den Hals angesetzt. Dieser, je nach Rassetyp mit Aufsatz, sollte mittellang und gut entwickelt sein. Die Linienführung des Unterhalses wünscht man sich gerade.
Die Oberlinie des Fohlens gibt Hinweise auf die spätere Sattellage. Ist der Widerrist nicht gut ausgeprägt, so können Sie sich darauf gefaßt machen, daß Sie Schwierigkeiten haben werden, einen passenden, nicht rutschenden Sattel zu finden.
Für die Extremitäten gilt: Man muß bei den Vorderbeinen vom

Buggelenk und bei den Hinterbeinen vom Beckengelenk aus das Lot nach unten fällen können. Allerdings kann man gerade bei Fohlen Abweichungen noch orthopädisch korrigieren.
Das Schulterblatt sollte möglichst lang sein und in einem Winkel von 45 Grad zur Senkrechten stehen. Der Winkel zwischen Oberarm und Schulter sollte 90 Grad betragen, und der Oberarm sollte in ausreichender Entfernung zu den vorderen Brustwirbeln in das Ellbogengelenk einmünden. Dadurch ist die „Schulterfreiheit" gewährleistet, die man sich bei einem guten Reitpferd wünscht.
Der Hinterhand sollte man sich besonders intensiv widmen, denn schließlich ist sie als „Motor" des Pferdes für die Schwung-, Schub- und Tragkraft zuständig. Die Länge des Beckens ist für die gesamte Hebelfunktion der Hinterhand entscheidend. Oberschenkel und Beckenring sollten daher etwa gleich lang sein und in einem Winkel von 90 Grad zueinander stehen, so daß sich das Kniegelenk bei einem normal hingestellten Hinterbein unterhalb des Hüfthockers befindet. Der Winkel im Kniegelenk sollte etwa 135 Grad betragen. Je weiter der Winkel ist, um so besser wird das Pferd untertreten können. Eine engere Winkelung führt zu dem sogenannten „herausgestellten Hinterbein". Das Sprunggelenk ist – wie der Name schon sagt – wichtig für die Schub- beziehungsweise Absprungentwicklung. Für die ansetzende Hebelwirkung ist insbesondere die Länge des Fersenbeins von Bedeutung. Ein gut ausgeprägtes Sprunggelenk ist daher immer positiv zu beurteilen. Der Winkel zwischen dem Mittelfußknochen und dem Unterschenkel, den man sich eher stämmig und kurz wünscht, sollte circa 150 Grad betragen.

An das **Bewegungsvermögen** werden je nach Rasse unterschiedliche Ansprüche gestellt. Gerade bei den sogenannten Barockpferden oder bei Karossiers ist die Aktion der Vorhand durchaus erwünscht, ganz im Gegensatz zu Warmblutpferden oder Reitponys. Bei aller Liebe zum Detail bleiben jedoch die Gangkorrektheit, die Taktmäßigkeit der drei Grundgangarten sowie die Schub- und Schwungentfaltung, verbunden mit einem rassetypischen Raumgriff, bei der Beurteilung von Fohlen sehr wichtige Kriterien. Man wünscht sich eine energische, verschleißarme und effiziente Aktion. Insbesondere der Schritt läßt bei vielen Pferden in Raumgriff und Takt zu wünschen übrig. Hier gilt der Grundsatz: Ein Pferd, das sich im Schritt zu bewegen weiß, verfügt auch über einen guten Trab und Galopp.

Der **Wuchs** muß genauso wie die Bemuskelung stets in Abhängigkeit vom Alter und vom Rassetyp betrachtet werden. Deshalb gibt es hier keine grundsätzlichen Richtlinien. Es ist empfehlenswert, sich nach Vergleichsmöglichkeiten umzusehen.

Entwurmt, geimpft – und darüber hinaus?

Ein ernstzunehmender Züchter wird auf seine Fohlen bedacht sein und wissen, daß Impfungen und Entwurmungen Entwicklungsstörungen vermeiden und sogar lebenswichtig sein können. Sobald ein Fohlen verkauft ist – und viele wechseln schon vor dem Absetzen den Besitzer –, gibt der Züchter die Verantwortung für das Tier jedoch ab. Der neue Eigentümer muß selbst für das Wohlbefinden des Pferdekindes Sorge tragen. Deshalb sollen hier die notwendigen hygienischen und physiologischen Vorbeugemaßnahmen beschrieben werden.

Die wichtigste Impfung für ein Fohlen ist ganz sicher die gegen **Tetanus**, weil es sich dabei um eine Krankheit handelt, die immer noch weit verbreitet ist und bei Pferden fast immer tödlich verläuft. Die Immunisierung erfolgt in drei Einzelimpfungen nach dem vierten Lebensmonat. Bis dahin ist das Fohlen normalerweise noch durch die „passive Impfung" geschützt, die es durch das Kolostrum (die erste Muttermilch) erhält. Alternative Schutzmaßnahmen gegen Wundstarrkrampf sind

Vom Tag des Kaufes an ist der neue Besitzer für das Fohlen verantwortlich – auch dann, wenn es vorerst noch mit seiner Mutter beim Züchter bleibt.

kaum möglich, da schon ein Kratzer durch einen Dornenzweig oder ein Riß durch einen vorstehenden Nagel als Eingangspforte für die Erreger dieser schlimmen Infektion genügen.

Ebenfalls nach dem vierten Lebensmonat sollte ein Impfschutz gegen **Influenza** und **Virusabort** aufgebaut werden. Beachten Sie, daß ein voller Impfschutz jeweils erst nach Abschluß der ersten Impfreihe gegeben ist.

In gefährdeten Gebieten ist darüber hinaus eine Impfung gegen **Tollwut** notwendig. Hier besteht der Impfschutz schon nach einer einmaligen Impfung, die jährlich wiederholt werden muß.

Über die Muttermilch nehmen die Fohlen in den ersten Lebenstagen die Larven von **Zwergfadenwürmern** auf. So manches Fohlen, das nicht so richtig „in Gang“ kommt, ist mit solchen Parasiten belastet. Es ist deshalb empfehlenswert, die Mutterstute unmittelbar nach der Geburt mit einem Mittel zu behandeln, das die Larven abtötet.

Das größte Parasitenproblem bei der Fohlenaufzucht stellen jedoch die **Spulwürmer** dar. Die Fohlen nehmen die Eier entweder im Stall oder auf der Weide auf. Der Entwicklungszyklus dieser Parasiten dauert sechs bis acht Wochen, weshalb man auch in diesem Rhythmus entwurmen sollte. Man beginnt bereits in der sechsten bis achten Lebenswoche mit der Behandlung und sollte sie bis zum Ende des ersten Lebensjahres im angegebenen Abstand wiederholen.

Gerade bei sehr schnellwüchsigen Fohlen großrahmiger Rassen, in erster Linie bei Warmblutfohlen, aber auch in Betrieben, die nicht über genügend große Weideflächen verfügen, kann die normale Versorgung des Fohlens mit Gras und Muttermilch nicht mehr ausreichend sein. In diesem Fall muß man getrennt zufüttern, wobei ein Fohlenschlupf oder ein spezieller Fohlenfuttertrog hilfreich ist. Um das Zufutter möglichst bedarfsgerecht zuteilen zu können, sollte man eine Futteranalyse vornehmen lassen.

Untersuchungen in Zuchtbetrieben haben gezeigt, daß die Probleme in den einzelnen Gestüten sehr un-

Wurmmittel – chemische Keulen?

Die Belastung durch Entwurmungspräparate ist auf jeden Fall geringer einzuschätzen als die möglichen Schädigungen durch Verwurmung. Es sind einige Medikamente auf dem Markt, die auf den jungen Organismus des Fohlens abgestimmt sind.

Männlein oder Weiblein?

So mancher Geheimtip macht die Runde, wenn es darum geht, ob und wie man das Zufallsspiel der Natur in die eine oder andere Richtung beeinflussen kann – doch an der Statistik hat sich dadurch bislang nichts geändert. Noch können (Gott sei Dank) weder Züchter noch Gentechniker das Geschlecht eines Pferdeembryos manipulieren.

terschiedlich sind. Generell lag jedoch in mehr als der Hälfte der untersuchten Betriebe das Kalzium-Phosphor-Verhältnis im Weidegras unter dem idealen Wert von 1,3 bis 2 zu 1.[1] Auch ein Zinkmangel, der zum Beispiel zu Sonnenbränden führen kann, sowie eine Unterversorgung mit Kupfer wurden sehr häufig festgestellt. Diese Mangelzustände sind vor allem in den ersten sechs Lebensmonaten kritisch, weil die Fohlen dann besonders stark wachsen. Nur die richtige Versorgung mit Spurenelementen garantiert eine ungestörte Entwicklung von Skelett, Sehnen und Knorpelgewebe.

Gute Kinderstube – stets gefragt

Die Wahrscheinlichkeit, daß eine Stute ein Hengstfohlen zur Welt bringt, liegt bei etwas mehr als fünfzig Prozent. Die leicht zur männlichen Seite hin verschobene Statistik wird landläufig damit erklärt, daß Spermien, die das männliche Chromosom tragen, als minimal schneller und beweglicher gelten. Trotzdem gibt es Stuten, die regelmäßig nur Stutfohlen zur Welt bringen – wie auch immer man das erklären mag.

Wo die Milch fließt

Das erste Lebewesen, das ein Fohlen nach der Geburt zu Gesicht bekommt, ist seine Mutter. In den nächsten zwei Stunden geschieht im Gehirn des Pferdekindes etwas ganz Wesentliches und Lebensnotwendiges: die **Prägung** auf die Mutter. Diese Phase kann man als eine der wichtigsten im Leben eines Fohlens bezeichnen. Deshalb sollte der Züchter – nachdem alle wichtigen Kontrollen vorgenommen wurden – die Box verlassen und Mutter und Kind nicht stören. Aus ethologischer Sicht müssen „Erziehungsmethoden", die während der Prägephase stattfinden (wie zum Beispiel die Imprint-Methode), kritisch beurteilt werden.

Was genau geschieht in diesen zwei Stunden nach der Geburt?

Der Begriff „Prägung" bezeichnet

Die Prägung auf die Mutter gehört zu den wichtigsten Vorgängen im Leben eines jungen Pferdes.

eine besondere Form des Lernens. Die Umschreibung „Lernen auf den ersten Blick“ trifft den Kern der Sache, denn während der Prägung lernt das Tier besonders schnell und genau. Das Erlernte wird zum Auslöser für bestimmte Instinkthandlungen, die meistens lebenswichtig sind. Die Prägung ist nur in einer sehr kurzen, sensiblen Phase möglich. Ist diese Phase abgeschlossen, so wird das Tier die Prägung im Extremfall sein ganzes Leben lang nicht mehr auslöschen können.

Das neugeborene Fohlen lernt also, kaum daß es auf der Welt ist, den Geruch, die Stimme und die Gestalt seiner Mutter kennen. Die Mutter wird zum „Objekt der Prägung“, und zu dem damit verbundenen Instinktverhalten gehört unter anderem die Eigenschaft, daß das Fohlen der Mutter folgt, wohin sie auch geht. Wenn man sich klarmacht, daß sich eine freilebende Stute nach der Geburt so schnell wie möglich wieder der Herde anschließen wird, kann man ermessen, wie wichtig die Prägung auf die Mutter für das Fohlen ist. Was würde geschehen, wenn es seine Mutter nicht von den anderen Stuten unterscheiden könnte? Sie ist die einzige, die ihm Schutz, Wärme und Nahrung spendet. In freier Natur wäre ein Fohlen ohne seine Mutter verloren.

In den ersten Monaten seines Lebens ist die Mutter der wichtigste soziale Partner für das Fohlen – egal, ob Hengst- oder Stutfohlen. Der Vater beteiligt sich an der Erziehung eines Pferdekindes nur geringfügig. Zwar kann man hin und wieder Haremshengste beim Spielen oder Fellkraulen mit Fohlen beobachten, doch solche sozialen Kontakte scheinen für die Pferdekinder nicht von entscheidender Bedeutung zu sein. Die Mütter beschäftigen sich mit ihren Fohlen relativ häufig – häufiger jedenfalls als mit anderen Tieren. Die sozialen Kontakte zwischen Mutter und Kind gehen jedoch meistens vom Fohlen aus. Durch Fellkraulen, Beieinanderstehen oder Spielen halten die Jungtiere den Kontakt zur Mutterstute aufrecht.

Doch nicht nur die Mutter spielt im Leben eines Fohlens eine besondere Rolle, sondern auch Geschwister und Herdengenossen. Zwischen Geschwistern, zum Beispiel zwischen Jährlingen und Fohlen, gibt es relativ enge Kontakte. Bei Wildpferden besuchen die älteren Geschwister regelmäßig die heranwachsenden Fohlen. Später – mit zunehmender Selbständigkeit – wenden sich die Fohlen von sich aus immer häufiger den ein Jahr älteren Geschwistern zu. Diese Interaktionen zwischen Jährlingen und Fohlen bestehen in erster Linie aus Spielen und sozialer Fellpflege. Je älter die Fohlen werden, desto größer wird der Stellenwert solcher Beziehungen.

Nach dem Absetzen, das in freier Natur zwischen dem achten und dem zehnten Lebensmonat erfolgt, ändert sich das Verhältnis von Mutter und Kind. Zwar wird der Absetzer noch immer von der Mutterstute bewacht und bei Angriffen auch verteidigt, und das Fohlen hat immer noch eine enge Bindung an die Mutter, aber es verbringt seine Zeit zunehmend mit dem Jährlingsgeschwister.[3] Nach der Geburt eines neuen Fohlens rutscht der freilebende Absetzer schließlich in die Rolle des Jährlings.

Von diesem freundschaftlichen, geschwisterlichen Verhalten sind

Prägung mit Langzeitwirkung

Der Trieb, der Mutter nachzufolgen, ist bei jungen Pferden sehr stark. Häufig ist er auch bei Jungpferden, die nach dem Absetzen in der Herde bleiben, noch ausgeprägt. So konnte diese enge Bindung zwischen Mutter und Kind beispielsweise bei freilebenden Camarguepferden selbst bei zweijährigen Hengsten noch beobachtet werden.[2]

auch Jährlingshengste, ja zuweilen selbst Zweijährige nicht ausgeschlossen. Bei den Camarguepferden konnte beispielsweise beobachtet werden, daß „unverheiratete“ Junghengste gerne Jährlinge oder Fohlen aufsuchten. Sie zogen die Geschwister eindeutig der Mutter vor. Haremshengste sieht man nur selten an einem solchen sozialen Austausch teilnehmen. Ebenso selten konnten Aggressionen des Herdenhengstes gegen Fohlen beobachtet werden. Hin und wieder sieht man Haremshengste allerdings mit Fohlen spielen. Doch in der Regel erschöpft sich das Vater-Sohn-Verhältnis während der Kindheit in diesen seltenen Kontakten.

Die lieben Tanten

In der ersten Lebensphase eines Fohlens sind nicht nur freundschaftliche Kontakte mit der Mutter und dem Vorjahresgeschwister von prägender Bedeutung. Die Fohlen nehmen auch Kontakt mit den anderen Herdenmitgliedern auf – und machen dabei nicht nur positive Erfahrungen.

Pferdekinder unterscheiden anfangs wenig zwischen den verschiedenen Interaktionen und werden deshalb häufig – was den Züchter erschreckt – von älteren Stuten weggetreten oder weggebissen. Zwar sind die Mitglieder einer Familie nicht gerade darauf aus, die Kleinen zu drangsalieren, aber besonders Mutterstuten wa-

Schon bald nehmen die Fohlen Kontakt mit den anderen Herdenmitgliedern auf.

Fohlen brauchen Vorbilder

Man muß davon ausgehen, daß Fohlen von ihren Eltern (also auch vom Vater), von ihren Geschwistern und anderen Herdenmitgliedern eine ganze Menge „abschauen". Damit sie das können, muß aber das entsprechende soziale Umfeld vorhanden sein. Die Ursache für soziales Fehlverhalten kann also beispielsweise durchaus in einer geschwisterlosen Kindheit liegen.

chen eifersüchtig darüber, daß die Rangordnungsstrukturen gewahrt werden. Durch „Versuch und Irrtum" lernt das Fohlen, sich in den Herdenverband einzufügen.

Welcher Teil des Sozialverhaltens als erlernt und welcher als angeboren zu klassifizieren ist, ist schwer zu sagen, da man das Lernen als einen Vorgang im Gehirn betrachten kann, bei dem ererbtes Verhalten modifiziert wird. Die meisten sozialen Verhaltensweisen basieren durchaus auf einer genetischen Anlage. Das Fohlen muß jedoch lernen, welches Verhalten wann angemessen ist.

Diese Erkenntnis erleichtert es dem Aufzüchter, die vielschichtigen Strategien und individuellen Ausprägungen des Sozialverhaltens der Pferde untereinander und auch gegenüber dem Menschen zu verstehen.

Sandkastenkameraden

Sobald sich ein Fohlen dazu in der Lage sieht – bei manchen ist das schon einige Stunden nach der Geburt der Fall –, kann man es in fröhlichen Galoppsprüngen um die Mutter herumlaufen sehen. Es zeigt dabei das gesamte Laufrepertoire eines Pferdes mit den verschiedenen Gangarten, aber auch mit Buckeln und Ausschlagen. Die bevorzugte Gangart ist der Galopp, mal schneller, mal langsamer. Steht das Fohlen fester auf den Beinen, kann man dieses Herumtoben bei ihm relativ häufig beobachten. Man muß daher annehmen, daß es sich nicht um eine sinnlose Beschäftigung handelt, obwohl sie auf den ersten Blick ganz unspezifisch erscheint. Die erwachsenen Tiere lassen sich durch das Herumtollen der Fohlen nicht aus der Ruhe bringen, wie es bei Gefahr der Fall wäre. Von Angst- oder Fluchtverhalten kann also keine Rede sein. Der Energieaufwand, der mit dem Herumtoben verbunden ist, ist aber nicht zu unterschätzen. Warum also entwickeln Fohlen derartige Aktivitäten?

Ethologen bezeichnen dieses Verhalten als **Spielen**. Im Spiel üben junge Tiere Verhaltensweisen aus verschiedenen Funktionskreisen an unterschiedlichen Objekten aus und erwerben dabei ein latentes Wissen, auf das sie im Bedarfsfall zurückgreifen können. Spielen ist daher in der Tat nicht sinnlos, sondern eine Art Vorübung für den „Ernstfall". [4]

Spielverhalten kann man vor allem bei jungen Pferden bis zum Alter von vier Jahren beobachten. Besonders intensiv spielen Hengstfohlen im Alter von 34 bis 50 Monaten. Danach tritt Kampfverhalten an die Stelle des Spieles.[5] In Junggesellengruppen macht das Spielverhalten bis zu 60% des gesamten Sozialverhaltens aus. Junghengste, die in ihrer Familie verbleiben, spielen weit weniger häufig.

Das Spielverhalten ist bei jungen Pferden einer alterstypischen Entwicklung unterworfen. Es besteht aus mehreren Komponenten: Laufspiel, Kampfspiel, Spiel mit sexuellem Kontext sowie Fellpflege. Hengstfohlen spielen länger und intensiver als Stutfohlen. Schoen[6] erwähnt, daß bei seinen Beobachtungen an Shetland- und Welshponys insgesamt nur 3% der Spielinteraktionen auf Stutfohlen entfielen, 74% jedoch auf Hengstfohlen. In 18% der Fälle spielten Hengste mit Stuten. Gespielt wird vom ersten Lebenstag an.[7] Im Alter von ein bis vier Wochen spielen Fohlen besonders intensiv, im Durchschnitt knapp viermal pro Stunde. Sie bevorzugen dabei das Laufspiel.

Das **Laufspiel** umfaßt ein relativ großes Spektrum verschiedenster Bewegungsmuster. Die Fohlen kantern oder galoppieren, um urplötzlich mit den Hinterbeinen auszuschlagen oder zu buckeln. Zwischenzeitlich traben sie mit hoch erhobenem Kopf und Schweif. Anfangs drehen die Pferdekinder Kreise um ihre Mutter und entfernen sich dabei nur zwei bis drei Meter von ihr. Später, mit 17 bis 24 Wochen, dehnen sie ihren Aktionsradius auf eine Entfernung von etwa 50 Metern zur Mutter aus.

In der ersten Woche spielen die Fohlen in der Regel alleine. Ab der vierten Woche werden gleichaltrige

Gleich und gleich gesellt sich gern ...

Junge Pferde bevorzugen zum Spielen Gleichaltrige oder nur wenig ältere Tiere. Fohlen spielen besonders gerne mit Fohlen, Jährlinge mit Jährlingen und Zweijährige mit Zweijährigen. Daneben gibt es auch individuell bevorzugte Spielpartner, bei deren Auswahl Rasse und Geschlecht eine wichtige Rolle spielen.

Das Laufspiel ist ein fester Bestandteil des Verhaltensrepertoires von jungen Pferden.

Spielpartner stärker einbezogen. Das soziale Laufspiel erinnert ans „Fangenspielen" bei kleinen Kindern. Es scheint fast so, als wollten die jungen Pferde darum wetteifern, wer ganz vorne läuft: Durch plötzliches Beschleunigen oder „Abkürzen und Wegabschneiden" versucht sich immer wieder ein anderes Fohlen an die Spitze zu setzen. Laufspiele in der Gruppe dauern länger als das solitäre Spielen.

Stutfohlen bevorzugen auch in höherem Alter Laufspiele, während Hengstfohlen sich mehr und mehr dem **Kampfspiel** zuwenden. Die geschlechtlichen Unterschiede beim Spielverhalten begründet Crowell-Davis mit der Theorie, die Spiele seien Übungen für das Erwachsenenleben.[7] Da das Kampfverhalten im Leben eines Herdenhengstes ein wichtiges Kriterium ist, muß es auch im Rahmen des Spielens stärker zum Ausdruck kommen. Kampfspiele und Kampfverhalten enthalten daher eine Menge ähnlicher Komponenten.
Der wichtigste Unterschied zwischen dem Ernstfall und dem Spiel liegt darin, daß die jungen Pferde fast immer mit nach vorne gerichteten Ohren spielen. Daneben kann man beobachten, daß zwei Spielpartner meist „Gleiches mit Gleichem" beantworten[8], also etwa Steigen mit Steigen. Schoen unter-

Bei Hengstfohlen nimmt das Kampfspiel allmählich immer mehr Raum ein.

gliedert das Kampfspiel in elf Komponenten:[6]

1. Beißen in die Mähne
2. Beißen in Genick oder Kopf
3. Steigen und Boxen
4. Aufspringen
5. Jagen
6. Kappeln (seitliches Beißen)
7. Beißen in Vorder- oder Hinterbeine
8. Ausschlagen mit den Hinterbeinen
9. Sich stehend anstarren
10. Flehmen
11. „Trailbiting“ (Beißen beim Jagen)

Fohlen zeigen von Anfang an all diese Spielkomponenten. So etwas wie ein festgelegter Zyklus existiert nicht, doch es scheint eine Präferenz vorhanden zu sein, eine bestimmte Komponente mit einer anderen zu beantworten. Vom Beißen in die Mähne gehen die Fohlen beispielsweise gerne zum Beißen ins Genick oder in den Kopf über, und das Davonrennen wird vom Spielpartner in der Regel mit dem Jagen beantwortet.

Kampfspiele beschränken sich normalerweise auf zwei Partner. Nur

Unzufriedene Muttersöhnchen

Das Spiel mit gleichaltrigen Artgenossen ist ein Grundbedürfnis des jungen Pferdes. Die Haltung von nur einer Zuchtstute ist daher ein recht fragwürdiges Unternehmen, die Aufzucht von nur einem Junghengst ohne Kontakt zu männlichen Pferden des gleichen Jahrgangs geradezu eine Katastrophe für die Entwicklung des Sozialverhaltens.

gelegentlich sieht man, daß sich ein Dritter einzumischen versucht. Auch das Kampfspiel scheint bei Fohlen ansteckend zu wirken: Oft bespielen mehrere Paare gleichzeitig miteinander. Beim Kampfspiel bevorzugen Hengstfohlen gleichgeschlechtliche und gleichaltrige Spielpartner. Nur in Ausnahmefällen wendet sich das Hengstfohlen einem Artfremden zu.

Beim Spiel mit erwachsenen Pferden kann man häufig das „Bespringen“ beobachten. Es hat unverkennbar einen **sexuellen Hintergrund**, doch diese Form des Spielens hat bei Hengstfohlen nichts mit Frühreife zu tun, ob-

Nur im Ausnahmefall spielen Fohlen mit Artfremden.

Auch das „Bespringen“ (oben) und die soziale Fellpflege (unten) kann man bei Fohlen und Jungpferden im Rahmen des Spielverhaltens beobachten.

wohl man bereits eine Menge der Verhaltenskomponenten eines ausgewachsenen Hengstes erkennen kann. Niemand braucht zu befürchten, daß eine Stute von einem Hengstfüllen tragend wird – so ernst dieses Spiel auch erscheinen mag. Andererseits kann nicht ausgeschlossen werden, daß eine niedrige Libido oder abnormales Sexualverhalten bei Deckhengsten manchmal darauf zurückzuführen sind, daß sie als Fohlen keine Möglichkeit zu heterosexuellen Kontakten hatten. So weiß man beispielsweise von isoliert aufgezogenen Hunden, daß sie zu keinem normalen Koitus mehr in der Lage sind.[9]

Soziale Fellpflege ist nicht sofort als Teil des Spielverhaltens zu erkennen. Dennoch wurde von mehreren Autoren beschrieben, daß Fohlen beim oder vor dem Spielen Fellpflege betrieben. Dieses Verhalten hat im Leben der Pferde zwei verschiedene Funktionen: Es dient zum einen der Fellpflege an sich und fördert zum anderen den sozialen Zusammenhalt der Gruppe.[10] Bereits im Alter von fünf Wochen verwenden die Fohlen viel Zeit darauf. Wie die Erwachsenen wählen sich auch die Pferdekinder bevorzugte Partner aus. Stutfohlen betreiben die Fellpflege gerne mit Stutfohlen, sie können sich aber auch ein ganz bestimmtes Hengstfohlen aussuchen. Generell kann man dieses Verhalten bei Stutfohlen häufiger beobachten als bei Hengstfohlen. Diese Tatsache sieht Crowell-Davis als Bestätigung dafür, daß die Fellpflege der Fixierung des sozialen Zusammenhalts dient.

Betrachtet man das soziale Milieu, in dem Pferde normalerweise leben, so ist es einleuchtend, daß

Spielen als Entwicklungsfaktor

Das Spiel mit sich selbst, mit Alters- und Geschlechtsgenossen, mit erwachsenen Tieren oder mit Stutfohlen ist für die Entwicklung eines Hengstes sehr wichtig. Im Spiel entwickelt das Hengstfohlen soziale Verhaltensweisen und erlernt deren Kontext. Da Hengste und Stuten in ihrem späteren Leben unterschiedliche Rollen einnehmen, zeigen sie bereits im Kindesalter gravierende Unterschiede im Spielverhalten. Mit dem Eintritt in den nächsten Lebensabschnitt wird die Kluft zwischen den Geschlechtern noch größer: Nach dem ersten Lebensjahr schließen sich Junghengste zumeist in Junggesellengruppen zusammen, Stuten dagegen bleiben im Stutenverband.

Mechanismen vorhanden sein müssen, die soziale Bindungen zwischen den Clanmitgliedern entstehen lassen und festigen. Die Fellpflege scheint ein solcher Mechanismus zu sein. So läßt sich erklären, warum sich Stutfohlen länger und intensiver das Fell kraulen als Hengstfohlen. Denn wenn aus den männlichen Fohlen ausgewachsene Haremshengste geworden sind, wird ihre Beziehung zu den anderen Clanmitgliedern nur teilweise durch sozialen Zusammenhalt, zu einem anderen Teil aber durch aggressives Verhalten aufrechterhalten. Deshalb wird der soziale Zusammenhalt bei Hengsten schon im Kindesalter auf andere Art und Weise fixiert.

Wenn Hengstfohlen soziale Fellpflege betreiben, dann nur selten mit anderen Hengstfohlen. Je älter die jungen Hengste werden, um so seltener kann man sie bei diesem Verhalten beobachten. Nur etwa 20% der erwachsenen männlichen Tiere zeigen es überhaupt noch.[11]

Der Umgang mit Hengstfohlen

Hauspferdefohlen sollten vom ersten Tag an regelmäßigen Kontakt mit dem Menschen haben. Dabei sollte die erste Erfahrung möglichst eine positive sein. Zwar ist es leicht, ein kleines Fohlen zu bestimmten Dingen zu zwingen, ihm ein Halfter überzustreifen und es unvorbereitet auf eine Fohlenschau zu zerren – doch man sollte sich fragen, wie lange es wohl dauern mag, bis das junge Pferd den Schock verwunden hat, den es durch eine solche „Vergewaltigung“ erleidet. Je älter, schneller und kräftiger ein junges Pferd wird, um so weniger weit wird man mit dieser Methode kommen. Vertrauen und Respekt sind die Zauberworte für den Umgang mit Hengsten. An diesen Grundvoraussetzungen für ein partnerschaftliches Verhältnis sollte man stets arbeiten.

Zunächst muß man das Vertrauen des Fohlens gewinnen. Die meisten Pferdekinder sind von Natur aus neugierig und kommen uns in unseren Bemühungen rasch entgegen.

Lassen Sie das Fohlen an Ihren Händen oder auch an Ihrer Kleidung schnuppern, und versuchen Sie immer wieder, es am Hals, insbesondere in der Gegend des Mähnenkamms, zu berühren. An diesen Stellen nehmen die Fohlen nämlich auch untereinander Kontakt auf – und schon bald kann man sie bei der sozialen Fellpflege beobachten.

Auch der Mensch beginnt das Fohlen also zunächst an diesen Stellen zu kraulen. Doch Vorsicht! Das Fohlen beantwortet das Fellkraulen in der Regel recht schnell, was für uns Menschen recht unangenehm werden kann – schließlich haben auch Fohlen schon Zähne. Strafen Sie das Fohlen in einem

Oben: Vertrauensbildende Maßnahme: Nach dem ersten Schnupperkontakt läßt sich das Welsh-Cob-Hengstfohlen „Beli" vom Mann der Autorin, Andreas Stupperich, am Kopf und am Mähnenkamm berühren.

Unten: Beim Anheben der Hufe muß man darauf Rücksicht nehmen, daß sich das junge Pferd noch nicht so gut ausbalancieren kann.

Rückzugsmöglichkeit

Wenn Sie Ihr Fohlen mit Ihren Berührungen vertraut machen, die Hufe anheben oder sich anderweitig mit ihm beschäftigen, sollten Sie es in diesem Stadium nie anbinden. Wer das Vertrauen eines Pferdekindes gewinnen will, der muß ihm die Möglichkeit lassen, sich zurückzuziehen – denn Vertrauen erreicht man nicht durch Zwang, sondern nur durch Geduld.

solchen Fall aber nicht, sondern schieben Sie ganz einfach sein Köpfchen zur Seite.

Hat das Fohlen seine erste Scheu überwunden, so beginnen Sie es überall am Körper zu berühren. Zuletzt kommen die Beine dran; erst die Vorder- und dann die Hinterbeine. Schließlich kann man die Hufe anheben. Insbesondere bei den Hinterbeinen hilft ein Trick, denn Fohlen sind noch nicht so sicher auf den Beinen, daß sie die Balance halten können. Ziehen Sie das Beinchen nicht sofort nach hinten heraus, sondern „falten" Sie es zunächst in natürlicher Art senkrecht nach oben zusammen. So kommt das Fohlen nicht aus dem Gleichgewicht und lernt trotzdem, auf ein Wort hin das Bein zu heben. Erst wenn es diese Übung sicher beherrscht, nimmt man das Bein nach hinten heraus.

Sobald sich das Fohlen gelassen am Kopf berühren läßt, knüpft man aus einem weichen Baumwollstrick ein Halfter in der Art eines Wanderreithalfters. Normale Fohlenhalfer sind für diese erste Phase nicht weich und anschmiegsam genug. Dieses Strickhalfter wird dem kleinen Kerl zunächst in der Box über die Nase und dann über das Genick gestreift. Die Mutter sollte möglichst dabei sein, und man muß darauf achten, nicht an die empfindlichen Fohlenohren zu kommen.
Gewöhnen Sie das Fohlen anfangs lediglich an die Prozedur des An- und Ausziehens. Zerren Sie nicht am Führstrick, denn der Kleine würde das sofort mit Abwehrbewegungen beantworten.

Wenn Sie das Fohlen gründlich mit dem Strickhalfter vertraut gemacht haben, können Sie ein gängiges, gut angepaßtes Fohlenhalfter aus Nylon benutzen, das an Nase und Genick verschnallbar sein sollte. An diesem Halfter befestigen Sie einen normalen Führstrick.
Um das Fohlen zum Vorwärtstreten zu veranlassen, kann man entweder eine Gerte oder wieder ei-

nen weichen Baumwollstrick zur Hilfe nehmen, der um die Hinterhand gelegt wird. Beim Stimmkommando „Komm“ veranlaßt man das Fohlen zum Antreten, indem man sanft am Baumwollstrick zupft oder es mit der Gerte antippt. Niemals sollten Sie dabei am Führstrick ziehen. Dabei sind schon viele schwere Unfälle passiert, weil die Fohlen steigen und sich am Genick verletzen oder sogar hintenüberfallen, was im schlimmsten Fall zu Verletzungen der Wirbelsäule führen kann.

Während man zunächst noch in einer geräumigen Box übte, organisiert man sich für den ersten Ausflug im Freien einen Helfer, der die Mutterstute voranführt. Sie werden sich wundern, wie einfach jetzt alles geht. Vielleicht versucht der kleine Lümmel noch den einen oder anderen Bocksprung, doch im großen und ganzen hat er bereits kapiert, um was es geht. Folgt das Fohlen auch im Freien willig den Kommandos, so kann man üben, es für die Stuten- und Fohlenschau am Bauchgurt der Mutter anzuhängen. Übrigens sollten Sie das Fohlen in diesem Stadium niemals am Putzplatz anbinden und schon gar nicht unbeaufsichtigt stehen lassen.

Auf einen Blick: Das Hengstfohlen

- Achten Sie beim Kauf eines Hengstfohlens auf einen guten Abstammungsnachweis – das hält Ihnen viele Wege offen.
- Kaufen Sie erst, nachdem Sie sich von der Qualität und dem Charakter des Pferdes überzeugt haben.
- Gerade im ersten halben Jahr sind optimale Startbedingungen für die Entwicklung des Fohlens wichtig, weil es in diesem Stadium besonders stark wächst.
- In der hochsensiblen Prägephase kurz nach der Geburt lernt das Neugeborene seine Mutter kennen. Von nun an wird es ihr instinktiv folgen.
- Nicht nur die Mutter spielt im Leben eines Fohlens eine wichtige Rolle. Auch das Vorjahresgeschwister und gleichaltrige Spielkameraden haben eine große Bedeutung.
- Soziale Verhaltensweisen sind angeboren, doch ihre jeweiligen Bedeutungen werden im Fohlenalter erlernt.

Auf einen Blick: Das Hengstfohlen

- Spielen ist keine sinnlose Tätigkeit: Das Spiel mit sich selbst, mit Alters- und Geschlechtsgenossen, mit erwachsenen Tieren oder mit Stutfohlen ist für die normale Entwicklung eines Hengstes notwendig.
- Im Spiel üben Fohlen Verhaltensweisen aus verschiedenen Funktionskreisen an unterschiedlichen Objekten.
- Beim Spielen erwerben Fohlen latentes Wissen, auf das sie im Bedarfsfall zurückgreifen können.
- Bei jungen Pferden kann man Lauf- und Kampfspiele, Spiele mit sexuellem Hintergrund und soziale Fellpflege beobachten.
- Das Spielverhalten ist einer alterstypischen Entwicklung unterworfen.
- Besonders intensiv spielen Hengstfohlen im Alter von 34 bis 50 Monaten. In dieser Zeit macht das Spiel bis zu 60% des gesamten Sozialverhaltens aus.
- Hauspferdefohlen sollten vom ersten Lebenstag an regelmäßigen Kontakt zum Menschen haben. Dabei ist es wichtig, daß die Pferdekinder nur positive Erfahrungen machen.
- Erst wenn sich das Fohlen gelassen überall am Körper berühren läßt, kann man es allmählich an das Halfter gewöhnen.

Von Rowdies und Halbstarken

Um sich normal entwickeln zu können, müssen junge Hengste ihrer Natur entsprechend in Junggesellenclans aufwachsen.

Im Jugendalter bereiten sich Hengste und Stuten auf ihre unterschiedlichen Rollen in der Herde vor. Diese verschiedenartigen Ausrichtungen der beiden Geschlechter muß man bei der Aufzucht unbedingt berücksichtigen. Man nimmt an, daß sich in dieser Phase zwischen dem physischen und dem psychischen Erwachsenwerden das komplexe Sozialverhalten der Hengste entwickelt. Deshalb handelt es sich um ein extrem wichtiges Entwicklungsstadium im Leben eines Hengstes. Damit er sowohl seinen Artgenossen als auch dem Menschen gegenüber später ein normales Verhalten an den Tag legt, muß man dem jungen Hengst die Möglichkeit geben, diese Verhaltensweisen seiner Natur entsprechend in einem Sozialverband, dem Junggesellenclub, zu erlernen.

Die Wege trennen sich

Eine ungestörte Kinderzeit, in der die Fohlen alters- und geschlechtstypisch aufwachsen können, ist eine wesentliche Grundlage für die Entwicklung des weiteren Sozialverhaltens.

Wie Hengstfohlen aufwachsen sollen

Wie bereits beschrieben, erlernen Fohlen in ihren ersten Lebensmonaten den sozialen Kontext angeborener Verhaltensweisen. Sie entwickeln Strategien im Umgang mit ranghöheren Erwachsenen und sammeln beim Spiel mit Gleichaltrigen erste Erfahrungen im Umgang mit Geschlechtsgenossen. Deshalb sollte man bei der Auswahl eines Hengstfohlens nicht nur darauf achten, daß es ein gutes Pedigree hat und mit Impfungen, Wurmkuren und eventuell mit Zusatzfuttermitteln versorgt wurde. Mindestens genauso wichtig ist das soziale Umfeld des jungen Pferdes.

Für ein Fohlen ist es nun einmal unnatürlich, ohne Spielkameraden aufzuwachsen, weil Pferde nicht paarweise leben, sondern im Herdenverband. Deshalb sollten wir einen genaueren Blick auf die Struktur eines solchen Herdenverbandes werfen.

Die Veröffentlichungen zur Sozialstruktur von Steppenzebras des deutschen Zoologen H. Klingel im Jahr 1964 warfen mit einem Schlag ein ganz neues Licht auf die Verhaltensweisen von Equiden. Sie ließen erste Zweifel an den althergebrachten Vorstellungen aufkommen, eine Pferdeherde sei eine Notgemeinschaft von Einzeltieren, ein Volk mit einem König, dem Leithengst, der uneingeschränkt herrscht und dessen Lebensinhalt darin besteht, seinen Harem ständig zu vergrößern – egal, ob durch die Produktion von Nachwuchs oder durch Raub von Stuten aus anderen Herden.

Klingel entdeckte, daß die riesigen Zebraherden, die in der Serengeti umherstreifen, aus einzelnen Familienclans bestehen. Die Clans zählen bis zu sechzehn Köpfe; dabei fallen auf einen Hengst ein bis sechs Stuten und deren Nachwuchs. Die Mitglieder einer Familie kennen und erkennen sich gegenseitig. Fremde Zebras werden zurückgewiesen, fremde Hengste von den Stuten abgeschlagen. Nur alte oder kranke Hengste werden manchmal durch jüngere ersetzt.

Die einzelnen Familienclans halten bis an ihr Lebensende fest zusammen. Ältere Stuten wechseln niemals freiwillig in eine andere Gruppe über. Der Patriarch kann also ruhig einmal abwesend sein, ohne sofort seinen Harem zu verlieren.
Junge Hengste bleiben häufig nur ein Jahr in der Gruppe. In der Regel verlassen sie den Familienclan vor der Geschlechtsreife freiwillig. Dann schließen sie sich zu Hengstgruppen, den sogenannten Junggesellenclubs, zusammen. Jungstuten werden oft während der ersten Rosse von fremden Hengsten entführt, wobei es zu Auseinandersetzungen mit dem männlichen Familienvorstand kommen kann. Außerhalb der Paarungszeit sind die einzelnen Althengste relativ duldsam zueinander. Zu ernsthaften Konflikten kommt es nur beim oben erwähnten Streit um die Jungstuten.
Nachdem Klingel seine Beobachtungen bei den Zebras veröffentlicht hatte, wurden die Pferdesoziologen hellhörig und machten sich ihrerseits an die Arbeit. 1976 publizierten die beiden Amerikaner James Dean Feist und Dale R. McCullough die Ergebnisse einer Freilandstudie an amerikanischen Mustangs.[12] Sie hatten mehrere Monate lang sechs Gruppen im Schutzgebiet der Pryorer Berge im Bundesstaat Wyoming beobachtet. Ihre Erkenntnisse waren revolutionär: Sie stellten fest, daß in dieser Pferdeschar 78 geschlechtsreife Hengste und 79 Stuten lebten. Die Herde spaltete sich in 44 einzelne Gruppen auf. Ähnlich wie bei den Zebras bestanden die Clans aus einem Leithengst sowie ein bis drei Stuten und deren Nachwuchs. Am Rande wurden 23 Junggesellengruppen geduldet. Innerhalb der Clans beobachteten die Amerikaner eine ausgesprochene Konstanz der Familiengruppen. Auch bei diesen Wildpferden wechselten in der Regel nur die Jungstuten die Gruppe.
Weshalb war diese Beobachtung so spektakulär? Bisher war man davon ausgegangen, daß ein Herdenhengst stets darauf bedacht sein müßte, seinen Harem zu bewachen. Bei einer derartigen Dichte von männlichen Nebenbuhlern wäre das aber eine schier unlösbare Aufgabe. Der Haremshengst wäre letztlich mit nichts anderem mehr beschäftigt als damit, seine Stuten zusammenzuhalten. Folglich müßten eskalierende Kämpfe zwischen den Herdenhengsten an der Tagesordnung sein, die letztlich darin ausarten könnten, daß das Überleben einer Familie gefährdet wäre.
Die beiden Amerikaner beobachteten jedoch, daß eine relativ friedliche Koexistenz von mehreren männlichen Tieren nebeneinander unter bestimmten Voraussetzungen durchaus möglich ist. Sie stell-

Oben: Jedes Hengstfohlen braucht gleichaltrige, gleichgeschlechtliche Spielkameraden.

Unten: Im Alter von etwa einem Jahr verlassen die Junghengste den Familienclan und schließen sich zu Junggesellengruppen zusammen.

ten fest, daß eskalierende Kämpfe zwischen den Haremshengsten ziemlich selten sind. Solche Auseinandersetzungen kommen fast ausschließlich während der Paarungszeit vor.
Normalerweise beschränken sich die Interaktionen zwischen Haremshengsten auf ritualisierte Begrüßungszeremonien. Altstuten sind für fremde Haremshengste tabu. Die Jungstuten verursachen dagegen mehr Trouble: Sie wechseln sehr häufig in der ersten Rosse den Clan, was zu erbitterten Kämpfen zwischen den heiratswilligen Anwärtern und den Vätern führen kann.
Obwohl die Verhaltensstudie der beiden Amerikaner durch spätere Untersuchungen anderer Wissenschaftler mit anderen Pferderassen bestätigt wurde, haben sich diese ethologischen Erkenntnisse kaum auf die Pferdehaltung ausgewirkt. Leider sind sowohl bei Stuten und Wallachen als auch bei Hengsten Haltungsformen weit verbreitet,

In freier Natur müssen Haremshengste nicht ständig kämpfen, um ihre Stuten beisammenzuhalten. Altstuten sind für fremde Hengste tabu.

die selbst grundlegende Ansprüche der Pferde außer acht lassen – geschweige denn, daß sie sich an ethologischen Erkenntnissen orientieren. Dabei könnten bei der Haltung von Hauspferden viele Unfälle vermieden werden, wenn beispielsweise bei der Zusammenstellung von Weidepferdegruppen die normale Sozialstruktur von Pferdeherden berücksichtigt würde. Vieles, was in den Forschungsberichten zum Sozialgefüge von Pferdeherden steht, kommt einem erfahrenen Pferdehalter, der eine artgerechte Haltung anstrebt, recht bekannt vor. Schließlich zeigen auch Hauspferdewallache ein mehr oder weniger stark ausgeprägtes männliches Verhalten, und Stuten erkennen in Ermangelung eines „richtigen Hengstes“ oft Wallache als „Haremshengste“ an.

Die „künstliche Hauspferdeherde“ ist keine homogene Gruppe. Doch auch hier schließt sich die eine oder andere Stute auf der Wiese einem Wallach an. Es entstehen Familienclans, exklusive Grüppchen, die sich deutlich von den anderen separieren. Ähnlich wie bei Wildbahnpferden bleiben solche Bindungen über Jahre hinweg bestehen – vorausgesetzt, der Mensch läßt dies zu.

Es darf jedoch nicht außer acht gelassen werden, daß unsere Hauspferdeherden keineswegs „natürlich“ zusammengesetzt sind. In der Regel bestehen sie aus einander zunächst fremden Tieren verschiedener Rassen und unterschiedlicher Prägung mit verschiedensten Charakteren. Irgendwann einmal werden sie zusammengewürfelt, und die Zusammenstellung wird

Friedliche Koexistenz ist möglich

Daß die Verhaltensweisen von Wallachen denen von Haremshengsten oft ähneln und daß trotzdem ein friedliches Zusammenleben durchaus möglich ist, zeigt folgendes Beispiel: Eine private Pferdehalterin, deren Offenstall von drei ausgewachsenen Wallachen und zwei Stuten bewohnt wird, berichtete, daß sich in der Gruppe folgende Strukturen herauskristallisiert haben: Je ein Wallach nimmt eine Stute für sich in Anspruch. Der dritte Wallach – ein Isländer – wird am Rand geduldet. Die Aufteilung in „Familiengruppen“ ging nach Angaben der Besitzerin völlig lautlos vor sich. Der Isländer hat niemals Anstalten gemacht, eine der Stuten für sich zu beanspruchen. Deshalb versteht er sich mit den beiden „Haremswallachen“ hervorragend und betreibt mit ihnen sogar Fellkraulen – eine ausgesprochen freundschaftliche Geste.

immer wieder geändert, wenn ein Tierhalter den Stall wechselt oder ein neues Pferd gekauft wird. Es handelt sich nicht – wie bei Wildpferden – um gewachsene Strukturen.

Der Familienclan freilebender Pferde ist ein homogenes Gebilde. Hier handelt es sich um Individuen, die in ein bestehendes System hineingeboren werden, von ihren Eltern, Geschwistern und Tanten ein normales Sozialverhalten erlernen und über genetisch ähnliches Erbmaterial verfügen. Daß wir bei unseren Hauspferden trotzdem noch vergleichbare Sozialstrukturen finden, daß es Wallache gibt, die sich wie Hengste verhalten, die Stuten treiben oder sogar „decken“, ist ein Beweis dafür, wie tief diese Verhaltensweisen in den Pferden verankert sind.

Die Pferdezusammensetzung alteingesessener Zuchtbetriebe, die über feste, vielleicht sogar seit Generationen weitergegebene Stutenstämme verfügen, kommt der natürlichen Herde schon etwas näher. Die Kommunikation der Zuchtstuten untereinander klappt zumeist hervorragend, weil die Jungstuten mit den erfahrenen Müttern im Herdenverband verbleiben und folglich Kontakt zur nachfolgenden Generation haben. Wie in dem Abschnitt über das Spielverhalten (siehe Seite 25) erläutert wurde, ist gerade das Spiel der Geschwister (Jährling-Fohlen, Zweijähriger-Jährling) sehr intensiv und trägt ganz sicher entscheidend zur Entwicklung des Sozialverhaltens bei. Sowohl für Fohlen als auch für Jungstuten ist demnach ein solches Umfeld das natürlichste – vorausgesetzt, es sind ausreichend Weideflächen vorhanden und die hygienischen Voraussetzungen sind erfüllt.

In Reit- oder Rennställen mit starker Fluktuation ist es zugegebenermaßen schwierig, die sozialen Bedürfnisse der Pferde zu befriedigen. Wenn ein Pferd lediglich für vier oder acht Wochen zur Ausbildung kommt, erscheint es wenig sinnvoll, es in einen sozialen Verband einzugliedern. Fohlen, die unter solchen Verhältnissen aufwachsen müssen, zeigen sehr oft starke Abweichungen vom normalen Verhalten.

Darüber hinaus gibt es noch die „Sonntagnachmittagszüchter“, die ihre geliebte Reitpferdestute einmal haben decken lassen und die sich mit dem Nachwuchs gewiß recht viel Mühe geben. In diesen Fällen wird die Stute meist in ihrem Pensionsstall oder ihrer Haltergemeinschaft belassen. Vielleicht werden sogar in Absprache mit den anderen Pferdebesitzern kleine Sozietäten aus zwei oder drei Pferden gebildet, die beispielsweise gemeinsam auf die Wiese oder in den Auslauf kommen. Ideal sind diese Verhältnisse – zumindest, was die Entwicklung des Sozialverhaltens angeht – in diesem Fall auch dann nicht, wenn Mutter und Kind ausreichend auf die Wiese dürfen. Schließlich fehlt hier für das Fohlen der Umgang mit Altersgenossen und mit jugendlichen Herdenmitgliedern. Deshalb sollte man seine trächtige Stute in einem auf die Pferdezucht spezialisierten Betrieb unterbringen. Bedenken Sie: Ein Kind, das nur unter Erwachsenen aufwächst, entwickelt sich auch ganz anders als eines, das mit anderen Kindern spielen durfte!

Absetzen – wann und wie?

Wie wir im Abschnitt „Wo die Milch fließt" (siehe Seite 21) gesehen haben, werden unter natürlichen Bedingungen sowohl Hengst- als auch Stutfohlen etwa zehn Monate lang von ihren Müttern anerkannt und gesäugt. Doch auch wenn die Mutter das Fohlen nicht mehr mit Milch versorgt, kommt es zu keiner radikalen Trennung. Pferdemütter verjagen ihre Jungen nicht, wie es zum Beispiel bei Bären oder Füchsen der Fall ist. Ganz im Gegenteil: Absetzer und Jährlinge werden bis zur Geburt des neuen Fohlens und darüber hinaus in der Nähe geduldet und gegen Angreifer verteidigt, der soziale Kontakt wird durch Fellpflege und andere Interaktionen aufrechterhalten. Bei Stutfohlen, die in der mütterlichen Herde verbleiben, bleibt in der Regel eine lebenslange Bindung zwischen Mutter und Tochter bestehen. Der Zeitraum, über den sich die Mutter-Kind-Bindung erstreckt, ist in freier Natur also deutlich länger als in den meisten Hauspferdeherden.

Es hat sich in der Hauspferdezucht leider eingebürgert, Fohlen im Alter von sechs Monaten oder sogar noch früher abzusetzen. Diese aus ethologischer Sicht völlig unnatürliche Vorgehensweise ist für das Fohlen ein ziemlicher Schock. Eine Trennung von der Mutter in diesem Alter würde in freier Natur die Überlebenschance des Fohlens deutlich herabsetzen – schon allein deshalb, weil es noch circa 60% seines Nahrungsbedarfes durch die Muttermilch deckt.

Beim Gros der Hauspferdefohlen ist die natürliche Angst vor dem Verlust der Mutter noch vorhanden, und jeder Züchter weiß, wie intensiv und lange Absetzer trauern. Schließlich werden sie zumeist nicht nur von der Mutter getrennt, sondern auch aus ihrer gewohnten Umgebung gerissen. Außerdem ist damit eine radikale Futterumstellung verbunden. Viele Fohlen, die zu früh von ihren Müttern getrennt wurden, verlieren deshalb nach dem Absetzen an Gewicht, werden krankheitsanfällig (Durchfall, Infektionen der Atemwege) oder zeigen deutliche Anzeichen von Streß wie etwa Unruhe, Ängstlichkeit, Abmagerung oder Durchfall.

In der Natur werden Fohlen etwa zehn Monate lang von ihren Müttern gesäugt. Das weitverbreitete Absetzen im Alter von sechs Monaten ist für Mutter und Kind ein ziemlicher Schock.

Auch die Mutterstuten leiden unter diesem radikalen Eingriff physisch und psychisch. Tagelang versuchen sie durch Rufen Kontakt mit den Fohlen aufzunehmen. Sie sind unruhig und wirken oft sogar verstört. Das Euter schwillt enorm an, und der Druck durch die aufgestaute Milch verursacht ziemliche Schmerzen – was jede stillende Mutter gut nachempfinden kann. Immer wieder kommt es zu der gefürchteten Euterentzündung.

Die heute vielerorts übliche Art des Absetzens birgt also diverse Risiken – einmal ganz davon abgesehen, daß sich die Stuten und Fohlen beim Versuch, wieder zusammenzufinden, schwer verletzen können.

Den Fohlen merkt man jeden Monat, den sie länger gesäugt werden, deutlich an. Sie gedeihen prächtig – ganz ohne teure Fohlenstarter und Zusatzbehandlung. Man sollte lediglich auf eine ausreichende Versorgung mit Mineralfutter, Heu und Hafer achten. Auch die Mutterstuten sind normalerweise durch die Doppelbelastung mit Saugfohlen und Trächtigkeit nicht überlastet. Schließlich entspricht dies ihrem normalen Lebensrhythmus. Allerdings sollte man die Fütterung an die hohe Beanspru-

Frühe Trennung muß nicht sein

In vielen Fällen muß das Absetzen nicht unbedingt in einem Stadium erfolgen, in dem das Fohlen noch gesäugt wird und insgesamt unselbständig ist. Nur ein Teil der Zuchtbetriebe muß gewinnorientiert arbeiten und folglich ein Interesse an einem raschen Umsatz haben. Bei kleineren Zuchtbetrieben oder Hobbyzüchtern mit nur einer Zuchtstute spielt es im Grunde genommen meist keine große Rolle, ob das Fohlen ein paar Monate länger mit der Mutter läuft. Eventuell kann man sich als Käufer mit dem Züchter einigen, indem man die zusätzlichen Unkosten, die durch den Verbleib des Fohlens bei der Mutter entstehen, ausgleicht.

chung anpassen. Mutterstuten mit Halbwüchsigen brauchen darüber hinaus mehr Platz im Stall und sollten auch in den Wintermonaten so oft wie möglich an die frische Luft.

Sobald das Fohlen von der Stute abgeschlagen wird (meistens mit circa zehn Monaten), bringt man es in einer Box neben der Mutter unter. Auch Hengstfohlen können gut bis in den Februar hinein mit ihren Müttern laufen. Danach stellt man Gruppen Gleichaltriger zusammen, die man in großen, luftigen Laufställen unterbringt. In diesen Junghengstgruppen bleibt das Hengstfohlen, bis eine neue Lebensphase beginnt: sein Dasein als Zucht- oder Reithengst beziehungsweise Reitwallach.

Platz vor Preis

Nicht jeder hat die Möglichkeit, ein Hengstfohlen artgerecht aufzuziehen. Denn gerade bei der Hengstaufzucht müssen die Rahmenbedingungen stimmen, damit eine optimale physische und psychische Entwicklung gewährleistet ist. Junge Hengste brauchen den Sozialkontakt mit Alters- und Geschlechtsgenossen, ausreichende Flächen zum Galoppieren auch im Winter und eine gezielte, sachkundige Fütterung mit der Möglichkeit zur individuellen Futteraufnahme. Außerdem ist es wichtig, daß im Aufzuchtbetrieb die nötigen hygienischen Maßnahmen gewährleistet sind.

In der Praxis bedeutet das, daß im Grunde genommen nur sehr wenige spezialisierte Betriebe aufgrund ihrer geographischen Lage, der Bodenqualität, der Betriebsstruktur, der Erfahrung und der zeitlichen Kapazitäten für die Hengstaufzucht geeignet sind.

Worauf sollte man also bei der Auswahl eines Aufzuchtstalles achten?

Der **Kontakt mit gleichaltrigen und gleichgeschlechtlichen Pferden** ist – wie wir noch sehen werden – für die Entwicklung des Sozialverhaltens unerläßlich. Die Haltung in kleineren Herden von vier bis sechs Junghengsten ist ideal, weil die Gruppe einerseits überschaubar bleibt, was beispielsweise bei Verletzungen, Krankheiten oder Entwicklungsstörungen wichtig ist. Andererseits besteht für die Pferde so die Möglichkeit, eine Gruppenstruktur aufzubauen.

Sommers wie winters sollten die Tiere die Möglichkeit haben, sich an der frischen Luft ausreichend zu bewegen. Die Haltung in einem Gruppenlaufstall mit angeschlossener Weide ist ideal. Im Bereich der Warmblut- und Vollblutzucht sollte man für vier bis sechs Junghengste mindestens eine Fläche von zwei Hektar veranschlagen.

Auch innerhalb einer Rasse und Altersgruppe bestehen große Unterschiede in den **Futteransprüchen** der Jungpferde. Große, schnellwüchsige Rassen wie zum Beispiel Warmblüter benötigen insbesondere während der ersten zwei Lebensjahre eine individuelle Fütterung, bei der man vor allem auf die ausreichende Versorgung mit Mineralstoffen und Spurenelementen achten muß. Eine separate Fütterung der Pferde ist daher unumgänglich. Im Gruppenlaufstall sind hier Freßstände eine gute Lösung, in denen die Pferde ungestört ihr Kraftfutter aufnehmen können. Gibt es innerhalb der Gruppe starke Unterschiede in den Einzelrationen oder sehr schnelle beziehungsweise sehr langsame Fresser, so ist es empfehlenswert, die Pferde so lange anzubinden, bis auch der letzte die ihm zugedachte Ration verzehrt hat. Rauhfutter, also Stroh und Heu, sollte den Jungpferden die ganze Zeit zur Verfügung stehen, so daß sie sich nach Belieben bedienen können.

Die richtige Fütterung von Aufzuchtpferden wird viel diskutiert, und es gibt sehr gute Futterwerttabellen, die leider immer noch zu selten gelesen werden. Die wenigsten Pferde leiden heute an Unterernährung oder an Proteinmangel. Fertigfuttermischungen ersparen einem langwierige Rechenprozeduren – doch dabei wird oft außer acht gelassen, daß Fressen für ein Pferd mehr bedeutet als nur Bedarfsdeckung. Als Weidegänger fressen Pferde bis zu 16 Stunden am Tag. Bei reiner Heufütterung verbringen sie immer noch zwölf Stunden täglich mit der Futteraufnahme. Das vielgepriesene Fertigfutter jedoch ist in kurzer Zeit verspeist. Um den Nährstoffbedarf zu decken, würden nämlich circa sieben Kilogramm Fertigfutter pro Tag durchaus genügen, was einer Freßzeit von etwa einer Stunde entspricht. Neben der mangelnden Beschäfti-

Die Haltung von vier bis sechs Junghengsten in einer Gruppe ist ideal.

gung sprechen noch zwei weitere Aspekte gegen Pellets als Alleinfutter: Zum einen werden zu wenige Ballaststoffe aufgenommen, und zum anderen muß das Pferd nicht lange genug kauen. Es genügt nicht, einem Pferd Futter in der richtigen Zusammensetzung zu geben – es muß auch verhaltensgerecht angeboten werden. Fast regelmäßig erleben wir in unserem Betrieb, daß neu angelieferte Jährlinge in den ersten Tagen ihr (teures) Kraftfutter stehenlassen und dafür stundenlang Stroh fressen. Nicht der Hunger treibt sie dazu, sondern das Bedürfnis, lange, ungestört und ausgiebig Rauhfutter zu kauen.

Nimmt ein Junghengst trotz ausreichender Fütterung nicht mehr zu, so sollte man es zunächst mit Entwurmen versuchen, denn das Wurmproblem ist gerade bei jungen Pferden nicht zu unterschätzen. Auch wenn die Tiere „nicht nach Würmern aussehen", können dennoch Parasiten die Ursache dafür sein, daß die Pferde sich nicht richtig entwickeln. Nach der Kontrolle durch den Tierarzt verabreicht man die Wurmpaste in der vorgeschriebenen Dosierung.

An einem mangelhaften Futterzustand kann auch eine nicht angepaßte Futterration schuld sein. Bei Pferden, die im Offenstall gehalten werden, ändert sich der

Energiebedarf ständig – folglich muß die Futterration regelmäßig angeglichen werden. Es ist deshalb nicht ausreichend, die Futterzusammenstellung zweimal im Jahr (Sommer und Winter) zu berechnen.
In den Monaten Oktober und November haben die Jungpferde einen besonders hohen Energiebedarf; oftmals sehen sie in dieser Zeit schlecht aus. Der Wechsel von der warmen zur kalten Jahreszeit kostet viel Kraft. Gerade in diesen Monaten brauchen die Pferde sehr viel Energie und Mineralstoffe, um das Winterfell aufbauen zu können. Und auch die kühleren Nächte beanspruchen die Pferde stärker. Das Weidegras reicht nun nicht mehr aus und sollte durch entsprechende Kraftfuttergaben ergänzt werden.
Gutes Grundfutter ist gerade im Winter sehr wichtig. Die beste Art von Pferdefutter ist Heu, Gärheu oder strukturreiche Grassilage. Ergänzt wird das Grundfutter durch exakt berechnetes Krippenfutter – in welcher Form auch immer (Hafer, Gerste, Pellets, Grascobs). Es hilft im übrigen nicht, mageren Pferden mehr Protein zur Verfügung zu stellen; durch Hafer ist noch kein Jungpferd dick geworden! Maissilage hat in Jungpferderationen nichts verloren, weil der hohe Phosphoranteil das dringend benötigte Kalzium abzieht. Und hier sind wir beim wichtigsten Punkt angelangt: Auf keinem Fall sollte man an gutem Mineralfutter sparen!
Wie aber erkennt man als Laie die richtige oder falsche Fütterung? Das ist zugegebenermaßen ein

Die Sache mit der Idealfigur

Es ist nicht gerade leicht zu beurteilen, ob ein Jährling in gutem Futterzustand, zu mager oder zu fett ist. Neben den großen rassespezifischen Unterschieden gibt es individuelle Schwankungen und Wachstumsphasen. Prinzipiell sollte man davon absehen, bei Warmblütern im ersten Jahr die Rippen „zu“ bekommen zu wollen. Besser orientiert man sich an der Kruppe. Sie sollte – der jeweiligen Anlage entsprechend – stets rund aussehen. Im dicken Winterfell prüft man mit den Fingern.
Die Rippen müssen bei Jährlingen bis ins Frühjahr hinein stets gut fühlbar sein, aber man sollte nicht von Rippe zu Rippe „springen“ müssen. Generell macht es aber nichts, wenn man bei Jährlingen einmal etwas die Rippen sehen kann. Nur ein Dauerzustand sollte das nicht werden.

Ein Heu- oder Grasbauch ist erlaubt, aber die jungen Pferde sollten auf keinen Fall fett sein.

sehr schwieriges Unterfangen. Zunächst einmal darf man ein Fohlen oder einen Jährling nicht aus dem Blickwinkel der Reitpferdebeurteilung betrachten. Fohlen dürfen einen Heubauch haben, sollten aber nie fett sein. Rundliche Formen sollten durch Bemuskelung entstehen. Doch es gibt auch handfeste Hinweise auf eine falsche Fütterung: Durchfälle und Kolikanfälligkeit sind Anzeichen einer mangelnden Futterhygiene. Junghengste, die durch viel zu große Kraftfuttergaben ins Wachstum getrieben wurden, wirken schlaksig und aufgeschossen, und ein stumpfes Fell deutet auf fehlende Spurenelemente hin. Dies ist allerdings eine unvollständige Aufzählung, da im Rahmen dieses Buches nicht im einzelnen auf alle möglichen Anzeichen einer falschen Fütterung eingegangen werden kann.

Weit gefaßt ist der Bereich der **hygienischen Maßnahmen** im Betrieb, die von regelmäßigen Wurmkuren über Hufpflege, Impfungen und die tägliche Stallhygiene bis hin zur periodischen Weidepflege reichen. Doch auch die weitestmögliche Vermeidung von Verletzungsgefahren im Stall und auf der Weide sowie die Reduzierung von sozialem Streß und von Infektionsrisiken fallen in diesen Bereich und verlangen vom Aufzüchter ein hohes Maß an Einfühlungsvermögen und Erfahrung. Je eher man beispielsweise erkennt, daß ein Jungpferd erkrankt ist oder sich nicht so recht entwickelt, um so schneller kann man für Abhilfe sorgen und somit Spätfolgen vermeiden.

Leider wenden sich viele Jungpferdebesitzer aus Kostengründen erst dann an einen erfahrenen Aufzüchter, wenn die Zustände im bisherigen Stall subjektiv unerträglich geworden sind – das heißt, wenn die Fehlentwicklung des Jungpferdes unübersehbar zutage getreten ist. Dann ist jedoch in der Regel „das Kind schon längst in den Brunnen gefallen“. Andererseits kann Ihnen selbstverständlich auch ein bestens geführter Aufzuchtstall keine Garantie dafür liefern, daß mit Ihrem Junghengst alles „glattgeht“. So kann es zum Beispiel beim Spiel zwischen den Junghengsten auch einmal zu schwereren Verletzungen kommen, die jede Körhoffnung zunichte machen und im schlimmsten Fall sogar zum Tod des Pferdes

Allmählich geht das Verhalten des Jungpferdes in das eines ausgewachsenen Hengstes über. Wird ein Junggeselle gegenüber einem Haremshengst aufmüpfig, so verweist dieser ihn durch eindeutige Signale in die Schranken.

führen, oder eine schwere Krankheit wirft ein vielversprechendes Jungpferd in seiner Entwicklung weit zurück.

Kraftproben und Kinderspiele

Wie bereits erwähnt, werden Hengste und Stuten im Kindes- und vor allem im Jugendalter auf ihre unterschiedlichen Rollen in der Herde vorbereitet. Nachdem die Hengst- und Stutfohlen unter natürlichen Bedingungen das erste Lebensjahr gemeinsam in der elterlichen Gruppe verbracht haben, trennen sich die Wege der beiden Geschlechter, denn die Jugendentwicklung der Pferde verläuft in freier Wildbahn getrennt.
Mit eineinhalb Jahren verlassen Stutfohlen in der Regel ihre Gruppe, um sich einem anderen Clan anzuschließen. Fast immer werden sie zu diesem Zeitpunkt auch tragend. Hengste erreichen das reproduktive Stadium viel später.

Entwicklungsphasen der Jugendzeit

Nachdem die Hengstjährlinge ihre Ursprungsherde verlassen haben, rotten sie sich zu locker organisierten, relativ instabilen Junggesellengruppen zusammen. Diese Clans werden entweder am Rande einer Herde geduldet, oder sie gehen ihre eigenen Wege. Die Junghengste verbringen die nächsten Jahre sozusagen in einer „Warteschleife", bis sie selbst in der Lage sind, einen eigenen Harem zu führen. Sie verleben diese Phase jedoch nicht einzelgängerisch, sondern – ihrem sozialen Naturell entsprechend – in einem Verband. Man nimmt an, daß sich in diesem Stadium zwischen dem physischen und dem psychischen Erwachsenwerden das komplexe Sozialverhalten der Hengste entwickelt.
Es scheint im wesentlichen drei Hauptentwicklungsstadien zu gebben:

- **Kindheit:** Von der Geburt an bis zum Alter von etwa 22 Monaten zeigt das Fohlen noch wenig kämpferische Verhaltensweisen. Seine sozialen Kontakte sind durch Fellpflege, Spiele sowie gegenüber den erwachsenen Tieren durch Unterwerfung geprägt.
- **Pubertät:** Im Alter von 22 bis 38 Monaten ist es das Spielverhalten, das man bei jungen Hengsten am häufigsten beobachten kann. Je älter sie werden, um so seltener werden Interaktionen wie soziale Fellpflege oder Unterwerfung. In diesem Alter, kurz bevor sie geschlechtsreif werden, beginnen die Hengste mit dem Markieren.
- **Subadulte Phase:** Mit wachsendem sexuellem Interesse nehmen die kämpferischen Elemen-

Stuten als Starthilfe?

Immer wieder wird behauptet, sexuelle Verhaltensweisen bei Junghengsten würden erst durch die Anwesenheit von Stuten ausgelöst. Aus dieser Annahme folgerte man, daß man einem Junghengst durch frühen Kontakt zu erwachsenen Stuten quasi eine Starthilfe geben könne.

Diese Annahme ist nicht richtig: Zwar treten bestimmte neue Verhaltensmuster bei Junghengsten tatsächlich häufig genau dann auf, wenn sie Kontakt mit weiblichen Tieren haben. Andererseits sind sexuelle und soziale Verhaltensweisen genetisch programmiert. Der Reiz, der zum Auftreten des Verhaltens führt, mag dann durchaus im sozialen Milieu der Stutenherde zu finden sein. Den Kontext und die richtige Anwendung müssen die Junghengste allerdings erlernen, und das können sie am besten in der Gemeinschaft mit gleichaltrigen Geschlechtsgenossen, weit entfernt von einer ernsthaften Konkurrenz zu einem Althengst.

te im Spiel mehr und mehr zu. Zwischen dem 38. und dem 62. Lebensmonat geht das gesamte Verhaltensrepertoire des Jungpferdes mehr und mehr in das eines ausgewachsenen Hengstes über. Die friedlichen Interaktionen wie Spielen oder soziale Fellpflege treten immer seltener auf. Manche Junggesellen versuchen zum erstenmal, einen eigenen Harem aufzubauen, wodurch sich ihre Aggressivität erheblich steigert. In dieser Phase erscheinen sie sogar aggressiver als ausgewachsene Haremshengste.

Wie schnell der jeweilige Hengst das eine oder andere Stadium erreicht, ist individuell sehr unterschiedlich. Man kann auch nicht sagen, daß aus frühreifen Hengsten im Vergleich zu Spätentwicklern bessere Haremshengste würden oder daß ihre sexuelle Potenz höher wäre. Vermutlich müssen bestimmte geschlechtsspezifische Verhaltensweisen ganz einfach einen gewissen Reifeprozeß durchlaufen. Hat ein Junghengst jedoch den Schritt in das nächste Stadium getan, so ist diese Entwicklung irreversibel – das heißt, er kann nicht wieder in ein früheres Stadium zurückkehren.[13]

Junghengste, die nicht in eine Junggesellengruppe auswandern, sondern im mütterlichen Familienverband bleiben, durchlaufen dieselben Entwicklungsstadien, jedoch deutlich langsamer. Solche

Hengste, die einzeln und womöglich sogar allein im Stall aufwachsen, können sich nicht normal entwickeln.

ches Tier häufig nicht in der Lage, das ganze Spektrum möglicher Verhaltensweisen an den Tag zu legen.

Die wissenschaftliche Literatur spricht von vier bis sechs Jahren, die ein Junghengst benötigt, bis er physisch und psychisch so gefestigt ist, daß er Haremshengst werden kann. Wie erklärt sich die relativ lange Zeitspanne, die Hengste in diesem Zwischenstadium verbringen?

Offensichtlich muß ein Hengst über ein sehr komplexes Verhaltensrepertoire verfügen, um Haremshengst werden zu können. Im Junggesellenstadium wird der Hengst sanft auf den neuen Lebensabschnitt vorbereitet. Er reift dort, geborgen im Schutz des Clans, stufenweise zum Erwachsenen. Im Spiel erprobt und perfektioniert er den Umgang mit anderen Pferden. Schließlich hat er die Fähigkeit zu all den rollenspezifischen Verhaltensweisen entwickelt, die nötig sind, um einen Harem aufzubauen, zu halten und zu verteidigen – einschließlich all der Eigenschaften, die nötig sind, um ihn zu einer Einheit mit den Stuten und Fohlen werden zu lassen.

Junghengste spielen erheblich weniger als ihre Altersgenossen und nehmen nicht im gleichen Maße am sozialen Austausch teil. Möglicherweise werden Verhaltensweisen mit kämpferischen Komponenten durch die Anwesenheit des Haremshengstes unterdrückt.[14]

Bei einzeln aufwachsenden Junghengsten reduziert das Fehlen von gleichaltrigen und gleichgestellten Hengsten die individuelle Flexibilität im Sexualverhalten. Als ausgewachsener Hengst ist ein sol-

Warum Hengste anders aufwachsen müssen als Stuten

Hauspferdehengste treten im Normalfall deutlich früher als Wildpferdehengste in die reproduktive Phase ein. Mit etwa zweieinhalb Jahren werden sie zur Körung vorgestellt – etwa zwei bis vier Jahre, bevor ihre freilebenden Geschlechtsgenossen erste Heiratspläne schmieden. Zweifelsohne sind sowohl Haus- als auch Wildpferdehengste in diesem Alter sexuell reif. Aber ist es – nach den beschriebenen Erkenntnissen – sinnvoll, einen so jungen Hengst in den Deckbetrieb zu nehmen?

Zugegeben: Viele Aufgaben eines Herdenhengstes fallen beim Hauspferdehengst flach. Hengste im Deckbetrieb sind in der Regel weder dem enormen Konkurrenzdruck durch Nebenbuhler ausgesetzt, noch müssen sie sich mit den Stuten auseinandersetzen. Ihre einzige Aufgabe besteht darin, eine ihnen zugeführte, paarungsbereite Stute zu begatten. Alles wird so geregelt, daß der Deckhengst quasi „gar nicht mehr nachzudenken braucht".

Der Mensch hat den Deckbetrieb durch Rationalisierung industrialisiert. Das Fortpflanzungsverhalten der Pferde wird auf ein Minimum beschränkt. Es interessiert im Grunde nicht, ob ein teurer, hochprämierter Deckhengst überhaupt noch zu einem normalen Sexualverhalten in der Lage wäre.

Hengste brauchen die spielerische Auseinandersetzung mit Geschlechtsgenossen, um ihr gesamtes Verhaltensrepertoire an den Tag legen zu können.

Doch auch der teuerste Springcrack, das begabteste Dressurgenie, der fähigste Athlet ist und bleibt ein Pferd. Wie seine wilden Artgenossen wird dieser Junghengst die naturgegebenen Entwicklungsstadien von der Kindheit über die Pubertät bis zum Erwachsenen durchlaufen. Folglich muß man auch dem jungen Hauspferdehengst Zeit lassen, physisch und psychisch zu reifen. Da wir Menschen sie in unsere Obhut genommen haben, müssen wir den Pferden die Möglichkeit geben, sich art- und altersgerecht zu entfalten.
Eine möglichst natürliche Aufzucht und Entwicklung bringt auch Vorteile für den Tierhalter mit sich. Ein Hengst, der ein normales Verhalten erlernt hat, wird auf den Menschen als Partner mit einem kalkulierbaren Sozialverhalten reagieren. Es kann somit nur wünschenswert sein, daß sich ein Hengst normal entwickelt. Welchen Sinn hat also die allgemein übliche Praxis, zweieinhalbjährige Junghengste durch eine Körkommission mustern zu lassen – Tiere, die ihre Entwicklung noch lange nicht abgeschlossen haben?
Angesichts der weitreichenden Konsequenzen, die sich für die Junghengstaufzucht ergeben, muß der Zeitpunkt der Hengstbuchanerkennung (Körung) unter Tierschutzgesichtspunkten generell neu überdacht werden. Vom züchterischen Standpunkt betrachtet, wäre eine Nachmusterung mit fünf bis sechs Jahren dringend zu empfehlen. Ganz abgesehen von den zahlreichen mehr oder weniger legalen Tricks, die Aufzüchter anwenden, um den zweijährigen Hengst zur Körung in optimaler Kondition zu präsentieren, müssen auch die psychischen Folgen für die Junghengste gravierend sein.

Der Mensch als „Alphatier“

Viele Probleme im Umgang mit Hengsten sind direkt auf eine nicht fachgerechte Aufzucht zurückzuführen. Aus Angst oder Unkenntnis wurde die Dominanzfrage nicht oder zumindest nicht konsequent genug geklärt. Die Dominanz des Menschen darf aber bei einem Junghengst nie in Frage gestellt werden.
Jeder, der ein Hengstfohlen aufziehen will, sollte sich stets vor Augen halten, daß sich dieser niedliche Bengel irgendwann in einen ausgewachsenen Kerl mit vier- bis sechshundert Kilogramm Eigengewicht verwandelt. Dann findet es niemand mehr süß, wenn der Hengst „Männchen macht“ oder alles zur Seite springen muß, wenn er kommt.

In der Praxis werden sie viel zu früh, mit gerade mal zwei Jahren, aus dem Sozialverband herausgenommen, und sie kehren nicht wieder dorthin zurück, weil sie im folgenden Winter und Sommer unter dem Sattel auf die harte Hengstleistungsprüfung vorbereitet werden.

Wenn man von den wissenschaftlichen Freilandstudien ausgeht, muß man zu dem Schluß kommen, daß gerade die Aufzuchtphase für den Hengsthalter die schwierigste ist, weil sich das Verhalten des heranwachsenden Hengstes ständig etappenweise verändert. Man muß stets gut abwägen, in welcher Weise man auf Verhaltensweisen eingeht, die der Junghengst dem Menschen gegenüber zeigt. Denn in dieser Zeit wird die zukünftige Einstellung des Hengstes dem Menschen gegenüber grundlegend und langanhaltend geprägt. Lapidar gesprochen, darf in diesen ersten Lebensjahren nichts „schiefgehen“, weshalb ich noch einmal betonen möchte, daß Junghengste dieser Altersgruppe einem versierten Aufzüchter überlassen werden sollten.

Die Aufzuchtphase ist für den Halter eine sehr anstrengende Zeit, weil die Junghengste immer wieder nach ihren Grenzen suchen. Je älter und selbstbewußter sie werden, um so drängender werden diese „Fragen“. Man kann zum Beispiel nicht davon ausgehen, daß ein Jährling, obwohl er mit dem Schmied vertraut ist, die Prozedur des Ausschneidens jedesmal artig über sich ergehen läßt, als Zweijähriger dem Tierarzt immer noch freundlich begegnet und sich als Dreijähriger genauso ruhig an der Stutenherde vorbeiführen läßt wie früher. Dieselben Auseinandersetzungen und Rangeleien, die er mit seinen Kumpels aus der Hengstherde ausficht, versucht er auch mit dem Sozialpartner Mensch auszutragen. Während es sich in den ersten beiden Jahren noch um eher spielerische Neckereien handelt, kann es später zu durchaus gefährlichen Kraftproben kommen. Dann heißt es, angesichts eines drei Meter hohen, mit den Vorderhufen schlagenden Pferdes einen kühlen Kopf zu bewahren! Ich kann mich an so manchen Kraftakt mit unseren Junghengsten erinnern, nach dessen Bewältigung ich mich erst einmal mit zitternden Knien hingesetzt habe.

Zu den alltäglichen Erziehungsproblemen kommt, daß die Tiere gerade in Streßsituationen, zum Beispiel in fremder Umgebung, bei öffentlichen Veranstaltungen oder beim Zusammentreffen mit fremden Hengsten, besonders „aufdrehen“ und – vom Instinkt angetrieben – ihre gute Kinderstube völlig vergessen.

Um einen Junghengst auch in außergewöhnlichen Situationen

unter Kontrolle zu behalten, muß man Schritt für Schritt üben. Zunächst sollte man dies auf dem Reitplatz oder auf einer Wiese in unmittelbarer Nähe des heimatlichen Stalles tun. Gewöhnen Sie Ihren Hengst von klein auf an die Berührung durch den Menschen, ans Putzen, ans Führen und an das kontrollierte Traben an der Hand. Darüber hinaus ist die T.T.E.A.M.-Arbeit nach Linda Tellington-Jones ein hervorragendes Mittel, um ein gutes Vertrauensverhältnis zwischen Mensch und Pferd aufzubauen.
Wenn zu Hause alles klappt, ist es an der Zeit, die vertraute Umgebung zu verlassen. Besuchen Sie Bekannte oder den Reitverein in der Nachbarschaft, stellen Sie Ihren Junghengst auf einer Schau vor, oder nehmen Sie ihn einmal unverbindlich auf ein Turnier mit, um ihn an die Atmosphäre zu gewöhnen. Auf diese Art und Weise werden Sie rasch lernen, Ihre eigenen Grenzen und die Belastbarkeit Ihres Junghengstes abzuschätzen – und Sie werden die Frage „Hengst oder Wallach?“ realistischer beantworten können.

Junghengste: Wieviel sie dürfen und was sie müssen

„Was Hänschen nicht lernt, lernt Hans nimmermehr!“ So lautet ein altes Sprichwort – und das bedeutet im übertragenen Sinn nichts anderes, als daß man mit der Er-

Die Dominanzfrage muß eindeutig geklärt sein, wenn man einen Junghengst auch in außergewöhnlichen Situationen unter Kontrolle behalten will.

Vorbildlich erzogen: Dieser Hengst rührt sich nicht vom Fleck, während sich seine Ausbilderin um den zweibeinigen Nachwuchs kümmert.

ziehung nicht früh genug anfangen kann. Andererseits gilt es stets, Rücksicht auf das Alter und den Entwicklungsstand eines jungen Pferdes zu nehmen. Schließlich schicken Sie Ihr Kind auch nicht sofort aufs Gymnasium, sondern erst in die Grundschule. Aus den gleichen Gründen läßt man jungen Pferden zunächst Zeit, sich zu entwickeln, bevor sie ernsthaft arbeiten müssen.

Doch vieles, was den Umgang mit dem Menschen betrifft, kann ein Pferd schon von Kindheit an üben. Generell möchte ich in diesem Zusammenhang auf die Methoden von Linda Tellington-Jones hinweisen, die sehr viele nützliche Tips und Anleitungen zum Umgang mit jungen Pferden gibt.*

Dabei muß man allerdings darauf achten, die Dauer der einzelnen Übungssequenzen dem Alter anzupassen und nur allmählich auszudehnen. Je jünger das Pferd ist, um so weniger lang kann es konzentriert arbeiten. Auch wenn sich ein Jungpferd bei den Übungen körperlich nicht anstrengt, darf man die „geistige Arbeit", die es zu leisten hat, nicht unterschätzen. Wer sein Pferd während der Arbeit nach der T.T.E.A.M.-Methode jedoch genau beobachtet, der wird eine drohende Überforderung rechtzeitig bemerken und die Übung beenden. Gerade bei der Aus-

* Ursula Bruns/Linda Tellington-Jones, *Die Tellington-Methode – So erzieht man sein Pferd*, erschienen im Müller Rüschlikon Verlag

Nur Übung macht den Meister

Denken Sie daran, daß Aspekte wie zum Beispiel das Verhalten fremden Pferden gegenüber immer wieder trainiert werden müssen. Auch wenn bestimmte Übungen beim Jährling perfekt geklappt haben, heißt das nicht, daß der Hengst die gleiche Situation als Zwei- oder Dreijähriger ebenso geduldig akzeptiert.

bildung sehr junger Pferde kann nicht oft genug darauf hingewiesen werden, daß Geduld und Konsequenz die Schlüssel zum Erfolg sind. Bei Hengstfohlen kommen zu den allgemeinen Problemen, die im Umgang mit jungen Pferden auftreten, noch der mit dem Alter steigende Sexualtrieb und die wachsende Aggressionsbereitschaft hinzu. Wie wir im vorigen Kapitel gesehen haben, verändert sich das Verhalten des jungen Hengstes schrittweise, bis er mit vier bis sechs Jahren seine individuelle Entwicklung abgeschlossen hat. In der Praxis bedeutet dies, daß man sich bis zu diesem Alter mit der Grunderziehung des Junghengstes und mit der Frage nach der Akzeptanz des Menschen befassen muß. Oftmals zeigen sich zum Beispiel dreijährige Hengste noch sehr umgänglich; zwei bis drei Jahre später jedoch sind sie nur unter Aufbietung aller Kräfte zu handhaben. Es ist daher sehr nützlich, schon mit Fohlen und Jährlingen gewisse Dinge einzuüben, die zur täglichen Routine gehören – beispielsweise Aufhalftern, Führen, Hufegeben, Wegführen von den anderen Pferden oder Arbeit alleine auf dem Platz. Wer seinen Hengst später in Gesellschaft anderer Pferden reiten möchte, sollte ihn ebenfalls bereits an der Hand darauf vorbereiten.

Wer einen Junghengst erziehen möchte, muß in jedem Fall mit seinen Trieben und Aggressionen umgehen können. Der Ausbilder benötigt sehr viel Fingerspitzengefühl, Erfahrung und eine gesunde Portion Mut, um sich dieser Aufgabe zu stellen. Schließlich kann (und will) man die Persönlichkeit eines jungen Hengstes nicht unterdrükken, sondern fördern. Deshalb muß man sein angeborenes Verhalten kanalisieren, statt es zu unterdrücken.

Auf einen Blick: Von Rowdies und Halbstarken

- Die großen, vom Menschen unbeeinflußten Pferdeherden bestehen aus einzelnen Familienverbänden mit jeweils einem Haremshengst, ein bis drei Stuten sowie deren Nachwuchs.
- Diese Herdenstrukturen ermöglichen den Fohlen stets den Kontakt zu jeder Altersgruppe – zu Gleichaltrigen, Jungpferden sowie erwachsenen Stuten und Hengsten.
- Das übliche Absetzen von Fohlen im Alter von etwa sechs Monaten ist aus ethologischer Sicht unnatürlich. Läßt man das Fohlen bei der Mutter, so wird es in der Regel erst mit circa zehn Monaten von ihr abgeschlagen. Die Mutter-Kind-Bindung hält teilweise noch deutlich länger an.
- Junge Hengste verlassen in aller Regel mit circa einem Jahr freiwillig den Familienverband und rotten sich zu Junghengstgruppen zusammen.
- In der Junggesellengruppe wird der Junghengst auf seine Rolle als Haremshengst vorbereitet.
- Nach der Trennung von der Mutter sollte der junge Hengst unbedingt zusammen mit einer Gruppe gleichaltriger Geschlechtsgenossen in einem Laufstall mit Auslauf und/oder Weide untergebracht werden.
- Eine artgerechte Aufzucht muß die Futteransprüche der Jungpferde individuell befriedigen. Dabei sollte man nicht nur die Deckung des Nährstoff- und Mineralstoffbedarfs, sondern auch die arttypischen Bedürfnisse berücksichtigen: Die Pferde brauchen Beschäftigung, genügend Ballaststoffe und ausreichend Rauhfutter zum Kauen.
- Zu den hygienischen Maßnahmen im Aufzuchtbetrieb gehören neben regelmäßigen Wurmkuren und der täglichen Hufpflege auch die Stallhygiene, die Weidepflege und die weitestmögliche Vermeidung von Verletzungsgefahren.
- Die sexuelle Reife ist nicht mit der psychischen Reife gekoppelt. Die physische und psychische Entwicklung eines Junghengstes ist – mit individuellen Schwankungen – erst mit vier bis sechs Jahren abgeschlossen.

Auf einen Blick: Von Rowdies und Halbstarken

- Das komplexe Sozialverhalten der Hengste entwickelt sich stufenweise. Man unterscheidet drei Entwicklungsstadien: Kindheit, Pubertät und subadulte Phase.
- Die Jugendentwicklung ist für das spätere Verhältnis zwischen Mensch und Hengst entscheidend.
- Die Dominanz des Menschen darf bei der Erziehung eines Junghengstes nie in Frage gestellt werden.
- Um etwaigen Schwierigkeiten vorzubeugen, sollte man mit einem jungen Hengst frühzeitig üben: Er muß lernen, sich führen und anbinden zu lassen und auf das entsprechende Signal hin die Hufe zu heben.
- Bei der Erziehung muß man immer auf das Alter und den Entwicklungsstand des jungen Pferdes Rücksicht nehmen.

Die schwierigen Jahre

Die Kampfbereitschaft gehört zum Verhaltensrepertoire von Hengsten – doch es kommt nur selten zu ernsthaften Auseinandersetzungen.

Es soll hier nicht bestritten werden, daß Hengste zumindest latent ein höheres aggressives Potential besitzen als Stuten oder Wallache. Wildbahnhengste erreichen mit der Gründung einer Familie – etwa im Alter von fünf Jahren – eine sehr hohe, wenn nicht gar die ranghöchste soziale Position in ihrer Gruppe. Ob und wie lange ein Hengst seine Stellung als Herdenhengst halten kann, hängt anschließend von Eigenschaften wie Wachsamkeit, Kampfbereitschaft und Dominanz gegenüber Konkurrenten ab. Alle diese Faktoren haben auf die eine oder andere Weise mit aggressivem Verhalten zu tun. Andererseits sind Hengste keineswegs kämpfende Ungeheuer, wie sie in manchen Romanen dargestellt werden!

Von Fremdenhassern und Platzhirschen

Das aggressive Verhalten von Hengsten untereinander stellt im Tierreich keine Ausnahme dar. Ganz im Gegenteil: Solche Verhaltensweisen entdeckt man in mehr oder weniger ausgeprägter Form in fast allen Bereichen. Aggressionen innerhalb einer Art stehen schließlich in Beziehung zu zahlreichen anderen Verhaltensweisen wie zum Beispiel dem Sexual-, Territorial- oder Sozialverhalten und werden in Form von Fortpflanzungs-, Revier- oder Rangordnungskämpfen ausgetragen.

Der Umgang mit der Aggression
Bei Pferden kann man zwei Arten von Kämpfen unterscheiden: Beschädigungskämpfe und Kommentkämpfe.

Beschädigungskämpfe, bei denen einer der Kontrahenten ernstlich verletzt wird, treten relativ selten auf. Wenn es allerdings dazu kommt, beispielsweise bei ausgewachsenen Haremshengsten, dann wird mit harten Bandagen gekämpft. Die Hengste versuchen sich in die Beine zu beißen oder schlagen mit den Vorder- beziehungsweise Hinterhufen aufeinander ein. Es ist (fast) jedes Mittel erlaubt, um dem Gegner gegenüber einen Vorteil zu erringen.

Kommentkämpfe laufen dagegen nach festen Regeln ab, die die Gefahr ernsthafter Verletzungen fast ausschließen. Solche Auseinandersetzungen sind für den Beobachter oft nicht ohne weiteres als „Kämpfe“ zu erkennen. So kann man beispielsweise das Begrüßungsritual von Haremshengsten (siehe Seite 66) in diese Kategorie einordnen, weil auch stets eine unterschwellige Kampfintention vorhanden ist.

Kampf- und Dominanzverhalten
Meist werden Kampfhandlungen bei Pferden stark vereinfacht, qua-

si nur „angedeutet“. Man bezeichnet sie dann als ritualisiert. Hengste sind sehr wohl in der Lage, eine echte Kampfintention von einer ritualisierten Begrüßungszeremonie zu unterscheiden, während uns Menschen diese Differenzierung schwerfällt.
Das ritualisierte Aggressionsverhalten von Hengsten kann man in zwei Kategorien einteilen: in das Droh- und das Imponierverhalten.

Drohverhalten zeigen männliche Tiere gerne gegenüber Rivalen. Dem Drohverhalten, das man in erster Linie beim Kontakt mit anderen Hengsten beobachten kann, liegt immer eine Kampftendenz zugrunde.

Das **Imponierverhalten** erfüllt einen anderen Zweck: Der soziale Partner soll eingeschüchtert beziehungsweise beeindruckt werden. Dieses Verhalten ist beispielsweise ein Teil des Paarungsvorspiels – denken wir nur an die stolze Aufrichtung und den bestechend schönen Trab eines Hengstes, der sich für eine Stute interessiert. Aber auch männlichen Tieren gegenüber zeigen Hengste das Imponierverhalten, dem keine Kampftendenz zugrunde liegt.
Das Imponierverhalten wird häufig

Eindruck schinden: Dieser Hengst setzt das Imponierverhalten ein, um seinen Kollegen auf der Nachbarwiese klarzumachen, wer hier das Sagen hat.

mit ebenfalls ritualisiertem Demuts- oder Beschwichtigungsverhalten erwidert, beispielsweise mit dem Klappern bei Fohlen. Häufig ist die Demutsgebärde – so auch die des Fohlens – aus einer umorientierten Drohgeste abgeleitet (Zähne zeigen und beißen).

Beschwichtigungsverhalten, Drohen und Imponieren sind nicht immer leicht zu unterscheiden. Man muß sie im funktionellen Zusammenhang sehen. Die Ohren der Pferde sind beispielsweise beim Drohen stets angelegt, während sie beim Imponieren nach vorne gestellt sind. Da beim Drohen eine Kampfintention mitschwingt, ist es das Drohverhalten, das der Hengsthalter besonders beachten muß. Das Imponierverhalten ist in gewisser Weise durchaus erwünscht. Geschickte Ausbilder arbeiten bestimmte Imponiergebärden beispielsweise gerne für Dressurvorführungen in der iberischen Reitweise heraus, was der Vorstellung besonderen Glanz verleiht.

Doch Hengste drohen nicht nur im Rahmen des Rangordnungsverhaltens innerhalb der Gruppe. In welchen Situationen tritt das Drohverhalten sonst noch vermehrt auf?

Lange Zeit hat man angenommen, daß Pferde territorial orientiert sind, also Anspruch auf ein bestimmtes Areal erheben. Man folgerte dies vor allem aus der Beobachtung, daß Herdenhengste häufig Kothaufen an den Grenzen ihrer Gehege oder Koppeln absetzen. Diese Ansicht mußte allerdings mittlerweile revidiert werden. Pferde kennen, ebenso wie Zebras, keine Eigenbezirke, die sie gegen Artgenossen verteidigen – vorausgesetzt, sie haben genug Platz, Futter und Stuten zur Verfügung. Für den Hengstkampf muß man daher in der Regel sexuelle Auslöser annehmen. Wenn sich ein Hengst ernsthaft mit einem Kontrahenten auseinandersetzt, dann kämpft er um den Besitz einer Stute.

Doch auch außerhalb der Paarungszeit treffen Hengste aufeinander. Was geschieht in diesen alltäglichen Situationen? Wenn sich zwei Haremshengste in der Wildbahn begegnen, vollzieht sich eine Art von **Begrüßungsritual**. Sie lassen ihre Stuten zurück und zeigen ihr Imponiergehabe, während sie aufeinander zulaufen. Sie beschnuppern sich an den Nüstern, während ihre Ohren häufig kurz angelegt und wieder nach vorne gestellt werden. Danach stampfen beide energisch mit einem Vorderbein auf und untermalen diese Geste mit einem sehr lauten Schrei. Anschließend wenden sich die Hengste dem Kothaufen des Kontrahenten zu, beriechen ihn und setzen ihrerseits Kot darauf ab. Danach nähern sie sich einander wieder mit deutlichem Imponiergehabe und beginnen von vorne.

Eine Variante besteht im gegenseitigen Umkreisen. Nach dieser Umrundung stellen sich die Hengste dicht nebeneinander Kopf an Schweif auf und beriechen die Flanke sowie den Analbereich des Geschlechtsgenossen. Auch dieses Verhalten wird mit lautem Quietschen untermalt. Im Anschluß daran geht der ranghöhere Hengst wie oben beschrieben zum Kothaufen seines Kontrahenten, beriecht ihn und setzt seine Losung obenauf. Der rangniedere Hengst tritt zurück und bleibt bei seinen Stuten in gebührendem Abstand stehen. Jeder der Haremshengste behält seine Stuten. Die Kräfteverhältnisse sind klar.

Im Alltag beschränken sich die Aggressionen unter Hengsten, die einander kennen und die Rangordnungsfrage geklärt haben, auf diese ritualisierten Formen. In freier Wildbahn macht dieses Verhalten den Zusammenschluß mehrerer Gruppen zu großen Herden möglich.

Anders sieht es aus, wenn ein Haremshengst auf einen heiratswilligen Junghengst trifft. Solche Begegnungen können zu handfesten Verletzungskämpfen eskalieren.

Untermalt von lautem Geschrei erfolgen Kampfhandlungen, die sich vor allem aus Steigen, Beißen und Tritten mit der Hinterhand zusammensetzen. Die Schläge sind dabei am gefährlichsten, weil Tritte mit der Hinterhand außerordentlich wuchtig sind. Ist der Kampf entschieden, so wird der Unterlegene recht schnell die Flucht ergreifen. Der Sieger setzt ihm in „Treibehaltung“ noch eine kurze Strecke nach, um dann zu seinem Harem zurückzukehren. Ist der Unterlegene ein Haremshengst, behält er normalerweise trotz der Niederlage seine Stuten – außer der einen Stute, um die es in der Auseinandersetzung ging.

Bei solchen Hengstkämpfen kann es durchaus zu schweren Verletzungen kommen. Auch wenn normalerweise kein Hengst einen anderen absichtlich töten würde, kann durch die Wucht der Tritte beispielsweise ein Bein oder ein Kiefer gebrochen werden, was bei freilebenden Pferden unweigerlich zum Tod führt.

Verletzungskämpfe sind auch bei Hauspferdehengsten zu beobachten. Gefährlich werden diese Auseinandersetzungen, wenn der unterlegene Hengst keine Fluchtmöglichkeit mehr hat. Deshalb muß man in der Hengsthaltung unbedingt auf Weiträumigkeit achten. Die **Toleranzdistanz**, also die Distanz, in der sich die Hengste nicht gegenseitig gefährlich werden, sollte laut Schäfer zwischen Fjordpferdehengsten bei 100 Metern liegen[15], Grzimek spricht von mindestens 90 Metern[16].

Bei der Haltung von zwei Haremshengsten in derselben Anlage sollten die Koppeln der beiden Gruppen deshalb mindestens diesen

Abstand haben. Es wäre purer Leichtsinn, zwei Hauspferdehengste mit Stuten auf unseren viel zu kleinen Pferdekoppeln halten zu wollen. Selbst wenn man einen Zaun zwischen den beiden Gruppen zieht, ist das Problem nicht gelöst. Möglicherweise steigert sich so die Aggressivität der Familienvorstände noch. Ein Hengst, der mit Stuten von anderen Hengsten getrennt gehalten wird, dürfte den Halter dagegen kaum vor Probleme stellen.

Der Hengst in der Herde

Die Welt der Pferdezucht hat sich in den letzten 40 Jahren stark verändert. Nicht nur die Pferde selbst sind kaum mehr mit den früheren Generationen zu vergleichen, auch die Ausrichtung ist eine ganz andere geworden: Die Pferdezucht ist zur Sportpferdezucht mit den Bereichen Freizeit-, Leistungs- und Hochleistungssport geworden. Die Abnehmer der Zuchtprodukte sind häufig Reiter oder Hobbyhalter, denen das nötige Fachwissen abgeht oder die es mühselig selbst erwerben. Mehr und mehr dringen private Investoren in den Bereich der Pferdezucht und somit der Hengsthaltung ein. Folglich ist es für die Zukunft besonders wichtig, Pferde zu züchten und aufzuziehen, die

Entgegen vielen Vorurteilen ist es durchaus möglich, einen Hauspferdehengst in einer Herde mit Stuten und Fohlen zu halten.

durch genetische Fixierung (Selektion) und artgerechte Aufzucht etwaige Fehlbehandlungen leichter wegstecken. Die leistungsstarken Sportathleten sind dagegen häufig nur noch durch den Profi zu handhaben.

Der Bereich der Hengsthaltung stellt da keine Ausnahme dar. Leider zeigen sich hier oft sogar besonders extreme Auswüchse. Festgefahrene Ansichten und ungenügendes Fachwissen führen zu Haltungsformen, die zum Teil wirklich nicht mehr tiergerecht sind. Da werden Hengste in bis zur Decke verbretterten Verschlägen gehalten. Tageslicht sehen sie nur, wenn man sie zwecks Bedeckung einer Stute vom Stall zum Deckstand führt. Begründet wird diese Art von Haltung mit der wachsenden Aggressivität der Hengste während der Decksaison. Doch es gibt genug Beispiele dafür, daß es auch anders geht. Die möglichen Haltungsformen für Hengste reichen von Einzelboxen mit Blickkontakt bis hin zur Gruppenauslaufhaltung.

Die Haltung von Hengsten muß jedoch in jedem Fall gut durchdacht werden. Schon viele Halter sind mit den besten Absichten an eine artgerechtere Hengsthaltung herangegangen und trotzdem gescheitert.

Durch eine artgerechte Haltung wird die Nutzung des Hengstes nicht zwangsläufig eingeschränkt. Eine naturgemäße Haltungsform zwingt den Besitzer lediglich zu Kompromissen. Wenn beispielsweise Deckhengste in Einzelboxen gehalten werden, sollte man sie in einem separaten Hengststall unterbringen, und täglicher Auslauf auf einer Weide oder im Paddock sollte selbstverständlich sein.

Wenn nur ein Deckhengst vorhanden ist, so kann man ihn auch neben eine psychisch stabile, ältere, tragende Stute stellen, mit der er sich gut versteht. Nach einer individuellen Gewöhnungszeit können die beiden vielleicht sogar gemeinsam auf die Weide.

Zugegeben: Es erfordert etwas Gespür, herauszufinden, wann der richtige Zeitpunkt für den gemeinsamen Weidegang gekommen ist. Auf beiden Seiten müssen die Aggressionen so stark gesunken sein, daß weder Hengst noch Stute ernsthaft gefährdet werden. Ganz reibungslos wird das Ganze trotzdem nicht verlaufen, denn in der ersten Zeit wird der Hengst möglicherweise versuchen, die Stute zu treiben. Stuten, die nicht rossig sind, reagieren auf dieses Treiben mit dem „Abschlagen“. Sie versetzen dem Hengst mit beiden Hinterbeinen einen energischen Tritt vor die Brust, unterstützt von einem typischen Quietschen. Ein Junghengst ohne Deckerfahrung hat dieses Signal der Stute nach ein paar Tagen verstanden – zumal zum Abschlagen noch andere ethologische Aspekte hinzukommen, die beim Hengst den Sexualtrieb dämpfen, wie zum Beispiel das Fehlen von Geruchsmarken. Bei Junghengsten kann man dieses Verfahren deshalb bedenkenlos empfehlen.

Ein entsprechend vorbereiteter Hengst kann sein ganzes Leben mit einer Stute oder in einer Stutengruppe verbringen, ohne daß es zu größeren Komplikationen kommt – abgesehen von hin und wieder auftretenden Unverträglichkeiten zwischen dem Hengst und bestimmten Stuten, die auf individuelle Antipathien zurückzuführen sind.

Es gibt zahlreiche Zuchtbetriebe, in denen der Deckhengst gemeinsam mit einer oder mehreren tragenden Stuten – auch mit Fohlen bei Fuß – gehalten wird. Mir sind nur einige wenige Fälle bekannt, in denen in der Herde gehaltene Hengste zu recht eifersüchtigen Paschas heranreiften. Ob dieses eifersüchtige Verhalten letztlich auf die Haltung in der Stutenherde oder eher auf den persönlichen Reifeprozeß zurückzuführen ist, ist leider unklar. In den meisten Fällen hat sich das Verhalten des Hengstes nicht zum Negativen hin verändert.

Ganz so einfach hat man es mit Althengsten, die bisher nur an der Hand gedeckt haben, nicht. Ein solcher Hengst wurde von den Menschen in eine bestimmte Richtung konditioniert: Ein reiterloses Pferd sieht er als eine paarungsbereite Stute an. Ein abschätzendes Herantasten hat er nie gelernt, weil er nie von einer nicht paarungsbereiten Stute abgeschlagen wurde. Solche Hengste lassen alle Vorsicht fahren und versuchen sofort auf die Stute aufzuspringen. Der Kick mit den Hinterbeinen kann dann den empfindlichen Bauch

„Stutenraub“ durch den Menschen

Unter Umständen kann es etwas schwierig sein, eine Stute aus dem Herdenverband herauszuholen, wenn der Hengst mitläuft. Er versucht möglicherweise, die Stute zurückzutreiben, wenn der Mensch sich mit ihr entfernen will. Mit diesem Verhalten des Hengstes muß man immer rechnen, denn das Bedürfnis, seine Stuten zusammenzuhalten, ist für ihn ganz normal. Um gefährliche Situationen zu vermeiden, sollte ein erfahrener Helfer den Hengst festhalten, bis die Stute außer Sichtweite ist. Im Laufe der Zeit wird der Hengst lernen, es zu akzeptieren, daß der ranghöhere Mensch eine seiner Stuten „raubt“.

oder den Genitalbereich des Hengstes treffen.

Andere fehlkonditionierte Hengste werden gegenüber nicht paarungsbereiten Stuten regelrecht aggressiv. In diesem Fall sind die Stuten stärker gefährdet als die Hengste. Ein Deckhengst, der seinen Stuten gegenüber über das normale Maß hinaus aggressiv auftritt, gehört nicht in eine Stutenherde und genaugenommen überhaupt nicht in den Zuchtbetrieb.

Die Erfahrung hat gezeigt, daß sich die Herdenhaltung und der freie Sprung im Normalfall positiv auf das Deckverhalten von Hengsten auswirken. Die Hengste lernen ganz nebenbei, vorsichtig an eine Stute heranzugehen und erst zu „testen", ob sie paarungsbereit ist. Ein ruhiger, kontrollierter Deckakt, ob an der Hand oder im freien Sprung, ist auf alle Fälle begrüßenswert. Er ist mit einer geringeren Gefahr für Hengst, Stute und Mensch sowie mit einer höheren Befruchtungsrate verknüpft.

Werden auf einem Gestüt mehrere Deckhengste mit Stutenfamilien gehalten, so sollte man keinesfalls auf die Idee kommen, alle gemeinsam auf die Wiese zu schicken – frei nach dem Motto: „Die Natur wird es schon richten." Streitereien sind in diesem Fall über kurz oder lang fast unvermeidlich. Es kann sogar zu so massiven Kämpfen zwischen den Hengsten kommen, daß sie sich ernsthaft verletzen. Auch die Stuten haben darunter zu leiden. Sie werden von den Konkurrenten ständig hin- und hergetrieben – ein Verhalten, das man übrigens selbst bei Wallachen manchmal beobachten kann. Ein trennender Zaun hilft auch nicht viel, manchmal steigert er die Aggressionen zwischen den beiden Hengsten sogar noch. Deshalb sollte man zwei Haremsgruppen nie auf direkt benachbarten Wiesen halten.

Auch Stuten und Hengste, die nicht in einer gemeinsamen Gruppe leben, sollte man nicht direkt nebeneinander auf die Weide lassen. Sie müssen zumindest so weit voneinander entfernt sein, daß sie keinen Schnupperkontakt aufnehmen können. Sehr häufig kann man nämlich beobachten, daß Stuten den Kontakt mit dem Hengst suchen, sich dann aber umdrehen und ihn abschlagen. Dabei können sie mit den Hinterbeinen in den Zaun geraten und sich schwer verletzen. Keinesfalls darf man sich darauf verlassen, daß die Pferde den Zaun schließlich kennen und ihn deshalb respektieren werden. Das Verhalten der Stuten läuft derart stereotyp ab, daß selbst starke Elektrozäune sie nicht davon abhalten, durch den Zaun nach dem Hengst zu schlagen.

Weit unproblematischer ist es, einen Althengst und Junghengste durch einen Zaun getrennt (!) nebeneinander laufen zu lassen.

Kleiner Flirt: In der Herde lebende Hengste lernen, vorsichtig an Stuten heranzugehen und deren Paarungsbereitschaft behutsam abzuschätzen.

Meist geschieht nicht viel mehr, als daß der Althengst die Jungen durch Drohen auf Abstand hält. Jährlinge scheinen die meisten Althengste sowieso nicht für voll zu nehmen. Ihr übertriebenes Kindchengehabe dämpft die Aggression des Paschas. Neben dem gleichgültigen Dulden kann man es manchmal sogar beobachten, daß ein Althengst Sozialkontakt mit den Jünglingen aufnimmt oder sich vorsichtig mit ihnen kabbelt.

Auf keinen Fall sollte man Junghengstgruppen gemeinsam mit dem Althengst ohne trennenden Zaun halten. Zweijährige sind bereits dreister und werden deshalb vom Althengst häufig ernster genommen. Ein zweiter Innenzaun in einem Abstand von ein oder zwei Metern zum trennenden Zaun läßt erhitzte Gemüter rasch abkühlen.

Hengste, die nicht im Deckeinsatz stehen und in deren Sichtweite sich keine Stuten befinden, kann man auch zu mehreren oder zusammen mit Wallachen auf die Wiese schicken. Allerdings ist das nur dann zu empfehlen, wenn die Gruppe ständig unter Kontrolle steht und die Weide ausreichend groß ist.

Leider sind nur wenige Hengste in der glücklichen Lage, ein Dasein als Familienvorstand zu führen. Die meisten modernen, kontinentalen Deckhengste verbringen den Großteil ihres Lebens in der Box.

Vorsicht: Frühlingsgefühle!

Im Frühling, zu Beginn der Paarungszeit, ändert sich das Verhalten von Hengsten zuweilen schlagartig. Ein Wallach, mit dem sich der Hengst gestern noch problemlos vertragen hat, kann ohne große Vorwarnung angegriffen und ernsthaft verletzt werden, wenn er nicht in den Toleranzbereich flüchten kann. Deshalb ist es wichtig, die Pferde auf ausreichend großen Flächen zu halten und sie permanent zu beobachten.

Doch auch hier könnte man einiges verbessern. In jedem Fall muß auch ein Boxenhengst ausreichend Auslauf an der frischen Luft haben. Intensiver Deckeinsatz ist kein Ersatz für freie Bewegung! Lunge, Herz und Kreislauf des Deckhengstes sind die eines Steppenläufers, nicht die eines Grottenolms. Man kann das Bewegungsbedürfnis neben dem Auslauf auf der Koppel oder im Paddock auch durch Training auf dem Rasenplatz oder durch gemütliche Ausritte in freier Natur decken. Doch auch ein noch so kleiner Paddock ist in jedem Fall besser als gar keiner! Je länger ein Hengst im Freien bleiben kann, um so wohler fühlt er sich – und um so friedfertiger und ruhiger wird er auch im Umgang sein. Wenn man mehrere

Kein unnötiger Streß: Wenn Ihr Hengst – aus welchen Gründen auch immer – im Stall stehen muß, dann sollten Sie ihm wenigstens den ständigen Sichtkontakt zu anderen Hengsten ersparen.

Deckhengste nicht in einem separaten Hengststall unterbringen kann, sollte man sie in einem Stall, in dem auch Stuten stehen, auf keinen Fall in benachbarten Boxen unterbringen. Einen Konkurrenten ständig sehen zu müssen, ohne ihn vertreiben zu können, führt bei Hengsten zu erheblichem sozialem Streß. Die Tiere magern ab oder suchen nach Ersatzhandlungen. Die Aggressionen und das Konkurrenzdenken der männlichen Tiere können sich so weit steigern, daß sie sich durch die Boxenwände hindurch bis zur totalen Erschöpfung angreifen. Das hat mit artgerechter Haltung nichts mehr zu tun!

Der Tierphysiologe Dietrich von Holst beobachtete bei asiatischen Halbaffen, daß männliche Tiere, die ständigem Blickkontakt zu ihren Konkurrenten ausgesetzt sind, derartig unter Streß leiden, daß sie schließlich daran zugrunde gehen. Todesfälle sind aus dem Bereich der Equiden nicht bekannt. Die Streßsymptome ähneln jedoch denen der asiatischen Halbaffen: Anstieg der „Streßhormone" im Blut, Schwerfuttrigkeit bis hin zu rapidem Abmagern, Nervosität und Ruhelosigkeit, massive Verdauungsstörungen. Unter sozialem Streß leiden die Tiere zwar nicht so offensichtlich wie unter körperlichen Schmerzen, doch nicht weniger intensiv. Deshalb müssen Hengste, bei denen Anzeichen von sozialem Streß auftreten, umgehend aus dem Stall genommen werden. Setzt man sie weiter diesem Streß aus, so ist das eine massive Form von Tierquälerei, die auch durch Unwissenheit nicht zu entschuldigen ist.

Patriarchat oder Matriarchat?

Mit der Erkenntnis, daß eine Pferdeherde keine weitgehend beziehungslose Ansammlung von Individuen ist, sondern aus Familienclans besteht, mußte eine weitere Annahme überdacht werden. Bislang war man nämlich davon ausgegangen, daß in Pferdeherden ausgesprochen patriarchalische Strukturen herrschen. Ende der siebziger, Anfang der achtziger Jahre galt die Aufmerksamkeit der Pferdeforscher deshalb den Rangordnungsstrukturen in einer Gruppe.

Die Rangordnung ist ein Kennzeichen einer besonders hoch entwickelten Form von Gemeinschaft. Das Rangordnungsverhalten setzt zunächst einmal eine genaue Kenntnis des Partners voraus und führt zum Ausdruck von Dominanz (ein Individuum dominiert über ein anderes) sowie Subordination (ein Individuum unterwirft sich einem anderen). Im Idealfall sind die Verhältnisse einreihig angeordnet, wie die Sprossen einer Leiter – beginnend mit dem ranghöchsten, dem Alphatier, und endend mit dem rangniedrigsten, dem Omegatier.[17]

Die Sozialstruktur eines Pferdeharems zeigt sich leider nicht so geradlinig, sondern ist eine höchst komplexe und komplizierte Angelegenheit. An der Spitze der Gruppe steht auch hier das ranghöchste, das Alphatier. Nicht selten handelt es sich bei domestizierten Pferden um eine Stute. Ihre soziale Position sticht besonders dann ins Auge, wenn es darum geht, eine knappe Ressource zu erschließen. Die Alphastute darf als erste zur Tränke und zur Futterstelle. In der Regel hält sie außerdem einen relativ großen Individualabstand zu den anderen Stuten. Ranghoch sind in aller Regel ältere Stuten und Haremshengste, während sich auf den niederen Rangplätzen vor allem Jungstuten finden. Rangniedere Tiere können sich im Laufe der Zeit höhere Positionen erobern und andere Stuten von ihren führenden Plätzen verdrängen.

Will man herausfinden, wie die Hierarchie in einer Pferdeherde aufgebaut ist, so kann man sich an bestimmten Verhaltensweisen orientieren – etwa an der Drohmimik (angelegte Ohren, Pendelbewegungen des Kopfes, angedrohte Beißintention, angedeutetes Schlagen). Daneben richtet man sein Augenmerk auch auf die seltener vorkommenden „echten Attacken“ wie Beißen, Schlagen mit der Hinterhand oder Verjagen eines anderen Tieres. Um den Überblick zu behalten, betrachtet man nur jeweils zwei bis drei Tiere: Wie verhält sich A zu B? Wie B zu C? Wie C zu A? Aggressive Verhaltensweisen werden stets vom höhergestellten Tier gegen das rangniedere gerichtet. Aber auch andere, ganz harmlose Verhaltensweisen können Hinweise auf Rangordnungsverhältnisse geben – zum Beispiel, wer wen zum Fellkraulen auffordert oder wer

Sympathiebekundungen

Innerhalb eines Clans gibt es neben dem Rangordnungsprinzip so etwas wie eine Partnerbindung durch Sympathien. Eine ranghohe Stute kann zum Beispiel durchaus eine rangniedere beim Fressen neben sich dulden, während eine dritte Stute, die zwischen diesen beiden rangiert, von der ranghohen Stute nicht toleriert wird. Ein solches Dulden aus Sympathie ist bei Mutter und Tochter oder bei Tante und „Patenkind“ weit verbreitet.
Auch der Herdenhengst hat Partnerinnen, die er besonders sympathisch findet, mit denen er bevorzugt Fellpflege betreibt oder zusammensteht und die er bei gleichzeitiger Rosse mehrerer Kandidatinnen bevorzugt.

mit wem zusammensteht. In der modernen Pferdehaltung sollten die gegebenen Rangordungsstrukturen vom Tierhalter beachtet werden. Um Ruhe in den Stall zu bekommen, ist es beispielsweise empfehlenswert, in der Rangreihenfolge von oben nach unten zu füttern. Müssen die Pferde bei Gruppenhaltung zum Fressen angebunden werden, so bindet man zunächst die ranghohen Pferde an und läßt sie auch als letzte wieder frei. Bei einem Ausritt im Gelände nutzt man das Nachfolgeverhalten von rangniederen Pferden aus: Wenn's einmal brenzlig wird, schickt man ein ranghohes, ruhiges Pferd der Gruppe voran – die anderen folgen in der Regel ohne großes Spektakel nach. Es lohnt sich durchaus zu wissen, welche Sozialstrukturen in einer Gruppe von Pferden vorliegen.

Solche Rangordnungsstrukturen entwickeln sich in Pferdegruppen mit oder ohne Hengst. Wird ein Beschäler in eine bestehende Herde integriert, so kann das soziale Gefüge der Stutengruppe massiv gestört werden. In fast allen Fällen kann man beobachten, daß der Hengst zunächst von den Stuten angegriffen wird. Bei fremden Hengsten kann es längere Zeit dauern, bis wieder Frieden einkehrt. Der private Pferdeforscher Ebhard beobachtete bei Islandpferden, daß es beim Einsetzen des Beschälers im Frühjahr sogar zu regelrechten Machtkämpfen zwischen Herdenhengst und Alphastute kam.[18] Auch der Konikhengst *Nugat*, der als Beschäler bei Dülmenern eingesetzt wurde, hatte anfangs heftige Kämpfe mit der Leitstute *Suse* zu bestehen.[19] Ebhard schloß aus dieser Beobachtung, daß es sich bei Pferdeherden kaum um patriarchalische, sondern eher um matriarchalische Strukturen handelt.

Die soziale Position des Herdenhengstes ist nicht immer die dominante. Freilandstudien an Camarguepferden[20] sowie an Hauspferden[21] und an unter Zoobedingungen gehaltenen Przewalskipferden[22] haben gezeigt, daß es im natürlichen Herdenverband Haremshengste gibt, die einer oder mehreren Stuten untergeordnet sind. Bis zu einem gewissen Maß gilt dies auch für Wildpferde. Die amerikanische Pferdeethologin Kathrine Houpt betrieb vergleichende Studien an Wild- und Hauspferden. Sie beschreibt, daß in keiner der Gruppen, die sie beobachtete, der Hengst das aggressivste oder das dominierende Clanmitglied war.[23] Besonders junge Hengste haben mit ranghohen, älteren Stuten Probleme. Sie stehen häufig in der Rangordnung unter den Stuten, obwohl diese von den Junghengsten gedeckt werden. Im Laufe seines individuellen Reifeprozesses kann ein junger Hengst seine Stellung aber ausbauen.[24] Der im Köl-

Unterm Pantoffel: Oft wird die Herde nicht vom Haremshengst, sondern von der Leitstute angeführt.

ner Zoo lebende Przewalskihengst *Sibir* – dreijährig als Beschäler eingesetzt – brauchte ganze sechs Jahre, um sich an die Spitze seiner Gruppe zu stellen. *Sibir* zeigte bis zum Alter von neun Jahren kein hengsttypisches Treiben und Umrunden der Stuten. Erst ein Jahr später wagte sich der Hengst dann auch an die ranghohen Stuten heran. Wie *Sibir*, so treiben auch bei Hauspferden jung eingesetzte Beschäler häufig zunächst ausschließlich rangniedere Stuten. Erst wenn ihre Psyche und ihre soziale Stellung gefestigt sind, können sie ihre Dominanz unter Beweis stellen. Häufig verhindert auch die ranghöchste Stute, daß bestimmte Stuten vom Hengst gedeckt werden. In diesem Fall ist es empfehlenswert, eine solche Stute während der Paarungszeit aus der Gruppe herauszunehmen, um eine höhere Erfolgsquote in der Bedeckung zu erreichen.

Bei freilebenden Wildpferden ist die Dominanz des Herdenhengstes notwendiger als bei Hauspferden. Allerdings verfügen Wildbahnhengste normalerweise erst im fünften Lebensjahr über eigene Stuten. Das Treibeverhalten entwickelt sich bei ihnen im Alter von 34 bis 38 Monaten. Erst im Alter von 50 bis 58 Monaten ist es voll ausgeprägt.[25] Die Entwicklung des Treibeverhaltens bei wilden Hengsten wird hinausgezögert, wenn die Junghengste in ihren angestammten Familienverbänden bleiben und nicht in einen Junggesellenclub abwandern. Eine solche Verzögerung der Entwicklung von ledigen Hengsten, die in ihrer Ursprungsfamilie bleiben, kann man auch bei Hauspferden beobachten.

Gefährliche Hengste?

Neben den Hengsthaltern, die beim freien Sprung in der Herde um ihren wertvollen Deckhengst bangen, gibt es auch zahlreiche Stutenbesitzer, die Angst vor Aggressionen des Hengstes gegenüber den Stuten haben. Normalerweise sind diese Befürchtungen unbegründet, da echte Aggressionen der Hengste gegenüber den Stuten selten sind.

In Ausnahmesituationen kann es allerdings zu ausgesprochenen Unverträglichkeiten zwischen einem Hengst und einer Stute kommen. Solche ungeliebten Stuten werden vom Hengst auf teilweise recht brutale Art aus der Gruppe vertrieben. Anschließend hält der Hengst die Stute unter Einsatz seiner Drohmimik auf Distanz. Wagt sie sich trotzdem heran, so wird sie mit Bissen und Tritten sofort wieder verjagt. Solche intersexuellen Unverträglichkeiten treten unabhängig von der sozialen Position und vom Alter der Stute auf. Sie können so weit gehen, daß der Hengst sich weigert, eine solche ungeliebte Stute zu decken.

Die Ursachen solcher Unverträglichkeiten sind schwer abzuschätzen. Manche Hengsthalter berichten, daß Deckhengste bestimmte Farbzeichnungen nicht mögen oder daß es Schwierigkeiten geben kann, wenn ein Hengst eine Stute decken soll, die sehr viel größer ist als er beziehungsweise aufgrund ihrer Rasse sehr von seinem „Normalbild“ abweicht. Ob diese Faktoren Einfluß auf das Verhalten eines Hengstes haben können, ist wissenschaftlich nicht gesichert. Andererseits treten Anzeichen von Unverträglichkeit auch bei rassegleichen Pferden auf. Das Maß an Aggression, das der Hengst einer solchen Stute gegenüber zeigt, variiert ebenfalls stark. Einige Hengste tolerieren die Stute, wenn sie eine gewisse Distanz einhält, manche werden während der Rosse freundlicher, andere selbst dann nicht. Wenn es auch selten zu ernsthaften Verletzungen kommt, lohnt es sich auf keinen Fall, ein Risiko einzugehen und eine solche Stute im diesem Herdenverband zu belassen.

Die meisten Pferdebesitzer, die die Gruppenhaltung im Offenstall ablehnen, befürchten, daß ihr Pferd verletzt werden könnte. In aller Regel sind solche Befürchtungen unbegründet. Abgesehen von den beschriebenen Ausnahmen kommt es innerhalb eines Clans selten zu ausgeprägten Aggressionen. Verhaltensstudien ergaben, daß in

Kräftesparende Rituale

Generell werden viele aggressive Verhaltensweisen im täglichen Zusammenleben der Pferde nur noch in stark vereinfachter, abgekürzter oder ritualisierter Form angewendet. Meist genügt ein Anheben des Schweifes, eine bestimmte Gesichtsmimik oder eine spezielle Körperhaltung – und der Artgenosse weiß Bescheid. Die gute Beobachtungsgabe und die Beschränkung der Aggressionen auf ein Minimum ersparen den Pferden ständige, kräftezehrende Kampfhandlungen.

Könnten Pferde diese Signale nicht erkennen, so käme es ständig zu Auseinandersetzungen innerhalb der Gruppe. Da Kämpfe aber immer ein Verletzungsrisiko mit sich bringen und somit unter Umständen die Überlebenschancen drastisch herabsetzen, ist die Vermeidung von Auseinandersetzungen sehr sinnvoll.

Auch Haremshengste ersparen sich durch ritualisierte Verhaltensweisen Kämpfe. Der alles Männliche angreifende Herdenpascha, der seine Stuten auf Leben und Tod verteidigt, ist ein Mythos aus schlechten Abenteuerromanen.

stabilen Herdenverbänden relativ selten Stutenkämpfe stattfinden. Wenn es doch einmal dazu kommt, kämpfen die Stuten meist „Hintern an Hintern“, begleitet von lautem Geschrei. So ein Kampf ist normalerweise nach wenigen Sekunden beendet – vorausgesetzt, das unterlegene Tier kann ausreichend weit weglaufen. Ist einmal klargestellt, wer den höheren Rang einnimmt, meidet normalerweise der Unterlegene den Ranghöheren. Tut er das nicht, so genügt ein Ohrenanlegen oder ein energisches Aufstampfen mit dem Vorderfuß, und das rangniedere Tier flüchtet angesichts dieser Drohung in den Toleranzbereich.

Das Rangordnungsverhalten ist im Leben der Pferde sehr wichtig. Deshalb sollte es auch in der Beziehung Mensch-Pferd weit größere Beachtung finden. Schließlich ist das Pferd mit seinen 400 bis 600 Kilogramm dem Menschen rein kräftemäßig deutlich überlegen. Um Gefahren im Umgang mit Pferden weitgehend auszuschalten, darf es keinen Zweifel daran geben, wer der „Boß“ ist. Der Mensch muß im Zusammensein mit dem Pferd ununterbrochen seine dominante Rolle spielen – nicht brutal, aber konsequent. Wer diese Grundregel im täglichen Umgang mit Pferden nicht beachtet, kann sich später in höchst riskanten Si-

Alles nur Angabe – oder ernsthafte Drohung? Die Meinungen über die Gefährlichkeit von Hengsten gehen weit auseinander.

tuationen wiederfinden. Konsequenz und die richtige Deutung von Verhaltensweisen sind im Umgang mit Hengsten unbedingt notwendig, um gefährliche Kraftproben von vornherein zu vermeiden.
Pferde sind auch in der Lage, aus unserem Verhalten Rückschlüsse zu ziehen. Da gibt es Menschen mit einer unglaublichen Ausstrahlung auf Pferde. Sie kommen einfach mit jedem Pferd klar. Andere wiederum gehen am friedlichsten Pferd vorbei, und das Tier legt die Ohren an. Fragt man die Betreffenden, woran das liegt, so bekommt man selten eine befriedigende Antwort. Es handelt sich wohl kaum – wie manchmal behauptet wird – um „Schwingungen, die ein Mensch ausstrahlt", sondern eher um die Körperhaltung und Gestik oder um die Art zu sprechen. Diese Komponenten können, obwohl sie dem einzelnen nicht bewußt sind, bestimmte Verhaltensantworten beim Pferd hervorrufen. Die Tatsache, daß Pferde sehr gute Beobachter sind und sich an unserer Körpersprache orientieren, sollten wir stets im Hinterkopf behalten. Ein sicherer, ruhiger und konsequenter Umgang mit Pferden macht so manchen Gertenhieb überflüssig.

Hengst mit Lizenz

Bei der Reitpferdezucht im deutschsprachigen Raum handelt es sich, wie in vielen anderen Ländern auch, um eine Reinzucht – das heißt, es wird innerhalb einer eng begrenzten Population selektiert. Zwar werden hin und wieder ganz gezielt durch Veredlerhengste fremde Gene eingeschleust, doch das Ziel der herkömmlichen Pferdezucht besteht darin, durch Selektion von Zuchttieren bestimmte Körpermerkmale und Charaktereigenschaften in einer Rasse zu spezifizieren. Die Pferderasse erhält ein charakteristisches „Outfit", wie es zum Beispiel bei den Paints der Fall ist, bestimmte Körpermerkmale wie beispielsweise bei den Kaltblütern oder besondere Eigenschaften wie etwa den angeborenen Tölt bei Peruanischen Pasos.
Die erste Möglichkeit zur Selektion bietet sich bei der Beurteilung des Fohlens auf sogenannten **Stuten- und Fohlenschauen**. Auf solchen zentralen Zuchtschauen werden die Saugfohlen gemeinsam mit ihren Müttern einer Zuchtkommission vorgestellt. Nach der Beurteilung durch dieses Gremium werden die Fohlen vom jeweiligen Verband registriert und erhalten einen entsprechenden Abstammungsnachweis (Fohlenschein).

Die zweite Stufe der Selektion, auf die weit mehr Gewicht gelegt wird, ist bei Hengsten die Beurteilung der zukünftigen Vatertiere, die sogenannte **Hengstbuchanerkennung** oder **Körung**. Die Körung,

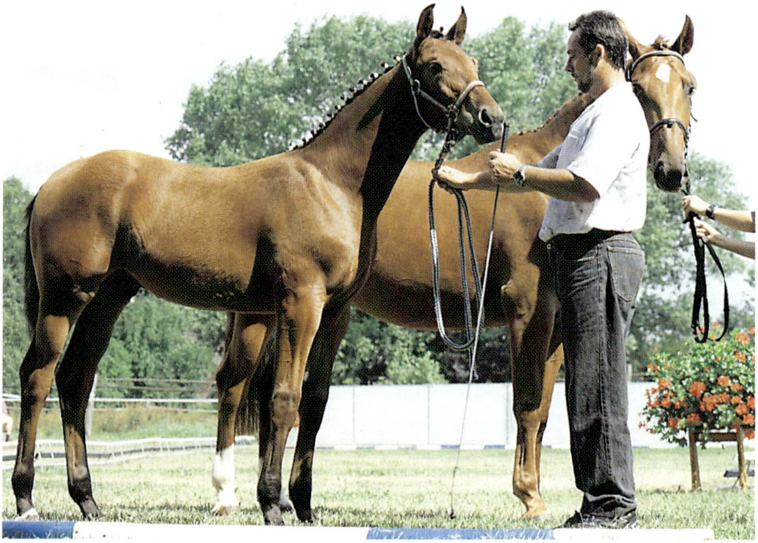

Nicht ohne meine Mutter: Auf Stuten- und Fohlenschauen muß sich das Pferdekind erstmals mit menschlichen Idealvorstellungen vergleichen lassen.

wie sie von deutschen Zuchtverbänden durchgeführt wird, ist heute vom Gesetzgeber nicht mehr zwingend vorgeschrieben. Es handelt sich um keine staatliche Körung mehr, wie es früher der Fall war, sondern um eine Entscheidung des Verbandes. Das europäische Tierzuchtrecht gibt zwar gesetzliche Rahmenbedingungen vor, doch die Durchführung der Körung bleibt dem jeweiligen Verband überlassen. Die Regelungen in Österreich und in der Schweiz entsprechen im wesentlichen der deutschen Praxis. Sie können im einzelnen bei den jeweiligen Verbänden erfragt werden (Adressen siehe Seite 145).

Will ein Stutenbesitzer vom Zuchtverband für ein Fohlen mehr als nur eine (sehr teure) Geburtsbescheinigung, so wird er wohl oder übel einen Vaterhengst wählen müssen, der vom Zuchtverband anerkannt wurde. Die Zuchtverbände unterscheiden heute im Zuchtbuch zwei Hengstbücher: das Hengstbuch I, in das quasi die „vom Zuchtverband erwünschten" Vererber eingetragen werden, und das **Hengstbuch II** für Hengste, die die gesetzlichen Mindestanforderungen (gesundheitliche Voraussetzungen, Abstammungsnachweis und Eigenleistung) erfüllen, der Bewertungskommission der Körung jedoch für die Erreichung des Zuchtziels als nicht geeignet erscheinen. Hengste, die im Hengstbuch II geführt werden, können später ins Hengstbuch I übernommen werden, wenn die Bewertungskommission bei einer erneuten Vorstellung des Tieres zu einer anderen Entscheidung kommt. Bis dahin haben Nachkommen der im Hengstbuch II geführten Hengste zwar einen Anspruch auf einen Abstammungsnachweis, der sich jedoch (meistens in der Papierfarbe) von dem der gekörten Hengste unterscheidet. Nachkommen von Hengsten der Kategorie I bekommen farbige Fohlenscheine und haben später eine Option auf Verbands- und Staatsprämien. Diese hauptsächlich für Züchter interessanten Vergünstigungen entfallen für Nachkommen von Hengsten der Kategorie II.

Wenden wir uns nun denjenigen Hengsten zu, die in das **Hengstbuch I** aufgenommen werden sollen. Prinzipiell können in dieses Buch nur Hengste eingetragen werden, die bestimmte Voraussetzungen erfüllen. Da sind zum einen die körperlichen Bedingungen: Der Hengst muß den gesetzlich vorgeschriebenen gesundheit-

Bei der Exterieurbeurteilung werden Körperbau, Rasse- und Geschlechtstyp bewertet.

lichen und geschlechtlichen Mindestanforderungen entsprechen. Daneben muß das Pedigree „stimmen“. Im allgemeinen bedeutet das, daß sowohl der Vater als auch sämtliche Väter und Muttervater mindestens der letzten vier Generationen im Hengstbuch I geführt wurden. Bei Rassen, die auf ausländische Populationen zurückzuführen sind (zum Beispiel Isländer oder Welshponys), muß lückenlos nachgewiesen werden, daß die Vorfahren im Ursprungsland registrierte Pferde sind. Bei einheimischen Pferden muß die Mutter, oft auch die Großmutter im Hauptstutbuch geführt worden sein. Im einzelnen muß der Hengstaufzüchter die jeweiligen Bestimmungen für seinen Hengstbuchanwärter beim zuständigen Zuchtverband erfragen.

Erfüllt ein Hengst diese Voraussetzungen, so kann er auf einer zentralen Sammelveranstaltung (Körveranstaltung) einer Körkommission vorgestellt werden. Dieses Gremium besteht im wesentlichen aus dem Vorsitzenden der Bewertungskommission, dem Zuchtleiter, ein bis zwei weiteren Kommissaren (zum Beispiel dem Landstallmeister oder einem Privathengsthalter) und ein bis zwei Rassevertretern. Diese Jury wählt aus den vorgestellten Hengsten eine bestimmte Anzahl aus. Die Zahl der jährlich selektierten Hengste ist abhängig vom Bedarf, also vom Hengst-Stuten-Verhältnis.

Die Hengstbuchanerkennung (Körung) erfolgt frühestens im dritten Lebensjahr. Zunächst werden die Hengstbuchanwärter vom Tierarzt untersucht. Hengste, die grobe Mängel haben (zum Beispiel Klopphengste oder solche mit Fehlstellungen des Gebisses), werden von vornherein aussortiert.

Wer die erste Klippe überwunden hat, stellt sich der Körkommission zur Exterieurbeurteilung. Es werden nun folgende Einzelwertungen vorgenommen: Rasse- und Geschlechtstyp, Körperbau, Korrektheit des Ganges, Schritt, Trab und Galopp sowie im Spezialfall Freispringen. Zu jedem Kriterium erhält der Hengst eine Wertnote. Das arithmetische Mittel bildet die „Teilzuchtwertnote Exterieur“. Sie muß mindestens 7,0 betragen, wobei keine Einzelnote unter 5,0 liegen darf. Nach mehrmaligem Vormustern wird die Körentscheidung veröffentlicht. Sie lautet: „gekört“, „vorläufig gekört“ oder „nicht gekört“.

Ein gekörter Hengst behält diesen Status auf Lebenszeit – vorausgesetzt, er erbringt die vorgeschriebene Eigenleistung. Eine vorläufige Körung tritt zum Beispiel bei Hengsten in Kraft, bei denen die Abstammung des Vaters noch genetisch untersucht werden muß. Durch eine solche Körung unter Vorbehalt behält sich der Verband sozusagen ein „Schlupfloch“.

Die gekörten Hengste haben die

erste Hürde genommen und können bereits in den Deckbetrieb genommen werden – doch im Jahr darauf steht ihnen noch der zweite Teil der Prüfung bevor. In der **Hengstleistungsprüfung** müssen sie bis zum Alter von höchstens sechs Jahren (die Obergrenze ist je nach Rasse unterschiedlich) ihre Reiteigenschaften unter Beweis stellen. Die Anforderungen der Hengstleistungsprüfungen weichen ebenfalls voneinander ab und können im Reglement des jeweiligen Zuchtverbandes nachgelesen werden. Isländer müssen beispielsweise in einer Materialprüfung für Islandpferde vorgestellt werden, Warmbluthengste absolvieren den 100-Tage-Stationstest, Hengste der Kleinpferderassen normalerweise den 30-Tage-Stationstest und Haflinger den sogenannten 50-Tage-Test einschließlich der Zugleistungsprüfung.

Die Leistungsprüfung als Stationstest ist in Deutschland seit 1993 verbindlich vorgeschrieben. Sie unterscheidet sich in den einzelnen Bundesländern nur geringfügig. Bis 1993 war der Stationstest nur für Warmblüter obligatorisch, für Kleinpferde- und Spezialrassen konnte er auf freiwilliger Basis durchgeführt werden. Für die Kleinpferde- und Spezialrassen war damals die sogenannte Mindestleistungsprüfung vorgeschrieben.

Heute hängt das Damoklesschwert „Stationsprüfung" also über nahezu allen Pferderassen. Was verbirgt sich hinter diesem Begriff? Als Beispiel für die Durchführung der Prüfung soll die Handorfer Leistungsprüfung herangezogen werden, wie sie für Vertreter der Pony- und Kleinpferderassen vorgeschrieben ist.

Der Stationstest soll gewährleisten, daß alle Hengste unter vergleichbaren (standardisierten) Bedingungen getestet werden. Er besteht aus zwei Teilen, der Vorbereitung (Trainingsbeurteilung) und dem eigentlichen Leistungstest.

Die Trainingsbeurteilung erfolgt durch den Trainingsleiter. Er bewertet die Umgänglichkeit, die Lern- und Leistungsbereitschaft, die Leistungsfähigkeit, die Rittigkeit und die Springveranlagung. Der anschließende Leistungstest dauert zwei Tage und wird von unabhängigen Richtern vorgenommen, denen die Vornoten aus dem Training nicht bekannt sind. Sie beurteilen die Grundgangarten in der Form einer Materialprüfung. Anschließend prüfen sie die Rittigkeit im Dressurviereck. Die Springveranlagung wird einmal beim Freispringen in der Reithalle und zum anderen im Freien bei einem Geländeritt in der Art einer Vielseitigkeitsprüfung beurteilt. Um sicherzustellen, daß die Hengste nicht überfordert werden, wird während der Geländeprüfung die Puls- und Atemfrequenz gemessen. Dies gibt dem Tierarzt gleich-

Bestandteil der Hengstleistungsprüfung ist das Springen von festen Geländehindernissen.

zeitig die Möglichkeit, den Konditionszustand des Prüflings festzustellen.

Es ist sicherlich sinnvoll und notwendig, die Reiteignung von künftigen Vatertieren (und auch von Muttertieren) zu prüfen. Denn schließlich ist die Pferdezucht ja nicht Selbstzweck, sondern dient dazu, reitbare und umgängliche Pferde bereitzustellen. Das Ziel der Selektion von Vatertieren sollte aus reiterlicher Sicht darin liegen, hinsichtlich der Reiteigenschaften einen Zuchtfortschritt zu erreichen. Was aber ist Zuchtfortschritt? Manfred Mayer[26] definiert ihn folgendermaßen:

$$\textbf{Zuchtfortschritt} = \frac{\text{Genauigkeit der Zuchtwertschätzung} \quad \text{Selektionsintensität} \quad \text{Genetische Standardabweichung}}{\text{Generationsintervall}}$$

Die Beurteilung der Reiteignung greift bei zwei unterschiedlichen Faktoren dieser Gleichung, nämlich bei der Zuchtwertschätzung und bei der Selektionsintensität. Die Beobachtung der Hengste auf einer Station über einen längeren Zeitraum ermöglicht einen guten Vergleich der Individuen und erleichtert die Zuchtwertschätzung des Einzeltieres. Der Vergleich innerhalb des Körjahrgangs ist sicherlich mittels einer Stationsprüfung einfacher durchzuführen als beispielsweise aufgrund von Turniererfolgen. Daneben hat die Praxis gezeigt, daß es den Ausbildungs- und Prüfungsleitern besser gelingt, den „Schnitt" zu machen, also die Leistungsuntergrenze zu definieren, wenn sie den gesamten Jahrgang vor Augen haben.

Damit sind wir beim Thema Selektionsintensität angelangt. Genau an diesem Punkt üben Züchter und Hengsthalter am meisten Kritik und stellen die folgenden Fragen: Was muß ein drei- bis vierjähriger Hengst können? Was darf man überhaupt von ihm verlangen, ohne ihn zu überfordern? Und schließlich: Welche Leistung sollte eigentlich im Stationstest geprüft werden?

Die Frage, was „Leistung" für ein Pferd ist, wurde bisher nur vom Standpunkt des Menschen beantwortet, nicht von dem des Pferdes aus. Die Anforderungen des Menschen an die Pferde sind jedoch einem zeitlichen Wandel unterworfen. Kaum jemand wird heute noch die Ansprüche an ein Pferd stellen, die beispielsweise die Ritter oder Hirten vergangener Zeiten hatten.

Wie also kann man die Leistung eines Pferdes im deutschsprachigen Raum heute definieren? Bedeutet Leistung, eine bestimmte Distanz in einer bestimmten Zeit zurücklegen zu können? Oder kann es nicht auch eine Leistung sein, ein hohes Maß an „Fehlbehandlung" zu tolerieren oder einen engen, partnerschaftlichen Kontakt zum Menschen aufzubauen? Ist es etwa keine Leistung, einen mittelprächtigen Reiter durch die für ein Pferd unnatürliche, technisierte Welt zu tragen, ohne die Nerven zu verlieren?

Es ist offensichtlich, daß der Begriff „Leistung" im Umgang mit dem Lebewesen Pferd schwer einzugrenzen ist. Für Zuchtverbände und Pferdeleistungszentren bedeutet Leistung in der Regel einfach sportliche Leistung – nach dem Prinzip „höher, schneller, weiter". Der Prüfungspunkt „Umgänglichkeit" macht beispielsweise beim 50-Tage-Test für Haflinger gerade mal 10% der Gesamtnote aus. 20% entfallen auf die beiden Kriterien Leistungsbereitschaft und Leistungsfähigkeit, 30% auf die Dressur und noch einmal 20% auf die Springveranlagung unter Bahn- und Geländebedingungen. Die verdürfnissen der Tiere als auch den Anforderungen der heutigen Reiter und Fahrer gerecht werden.

Die meisten Pferdebesitzer legen auf Zuverlässigkeit, Menschenbezogenheit und Nervenstärke mehr Wert als auf sportliche Höchstleistungen.

Hengst oder Wallach?

Die meisten Hauspferdehengste werden im ersten oder zweiten Lebensjahr kastriert. Weniger erfahrenen Pferdehaltern beschert diese Entscheidung oft schlaflose Nächte. Viele Besitzer von Junghengsten sind angesichts der Frage „Hengst oder Wallach?" sehr unsicher. Deshalb soll das Thema Kastration hier ausführlich behandelt werden.

zeitpferde zu finden. Doch unter diesen Gesichtspunkten sollte der Begriff „Leistung" zumindest im Bereich der Freizeitpferderassen (und das ist ein sehr breites Rassespektrum) neu definiert werden. Die Europäische Gemeinschaft hat es den Zuchtverbänden zur Auflage gemacht, daß nur leistungsgeprüfte Hengste in den Deckeinsatz gelangen dürfen. Nun ist es an den Verbänden, adäquate Richtlinien zu erarbeiten, die sowohl den Be-

Machen die Hormone den Hengst?

Bei der Kastration werden beide Hoden entfernt. Dadurch ist keine Spermaproduktion mehr möglich, und außerdem „fehlen" dem Wallach auch Hormondrüsen. Viele befürchten, daß sich das junge Pferd nach dem Eingriff verändert, daß es sich eventuell nicht mehr richtig entwickelt und zum Beispiel die äußerlichen Geschlechtsmerkmale wie Halsaufsatz, Bemuskelung und wacher Ausdruck verlorengehen. Bevor wir uns mit dieser Frage näher auseinandersetzen, sollten wir einen kurzen Ausflug in die Physiologie wagen und uns klarmachen, was Hormone überhaupt sind und was insbesondere die Geschlechtshormone im Körper bewirken.

Hormone sind körpereigene Botenstoffe. Sie werden in speziellen Zellen, den Hormondrüsen, gebildet und gelangen von dort über die Blutbahn an ihren Bestimmungsort, wo sie wiederum etwas ganz Spezielles bewirken. Nach kurzer Zeit werden sie vom Körper abgebaut, da es sonst zu Störungen im Hormonsystem kommen würde.

Sexualhormone, die bestimmte geschlechtsspezifische Merkmale und Verhaltensweisen prägen, aber auch für die Fruchtbarkeit des Pferdes mitverantwortlich sind, werden in den Keimdrüsen (Gonaden) gebildet. Die Hormone beider Geschlechter sind eng miteinander verwandt, und sie treten jeweils bei Stuten und Hengsten auf. Generell unterscheidet man androgene (vermännlichende) und östrogene (verweiblichende) Hormone.

Das bekannteste männliche Hormon ist das Testosteron oder Hodenhormon. Es wird in den Leydig'schen Zellen gebildet und ist für die Spermaproduktion (Spermiogenese) von entscheidender Bedeutung. Daneben gibt es noch andere androgene Hormone, die beispielsweise in der Nebennierenrinde entstehen. Eine Überproduktion dieser Hormone kann zur Vermännlichung des weiblichen Geschlechts führen – was sich zum Beispiel in Form eines Halsaufsatzes bei Stuten oder in Treibe- und Deckverhalten zeigt.

Die hormonelle Steuerung der Spermiogenese ist sehr kompliziert, so wie hormonelle Prozesse von Wirbeltieren generell durch sehr aufwendige Abläufe gekennzeichnet sind. Hält man sich vor Augen, daß Hormone im Körper außerordentlich wirksam sind und daß alle lebenswichtigen Vorgänge durch diese Botenstoffe gesteuert werden, so ist dieser Aufwand durchaus gerechtfertigt. Zum besseren Verständnis werden die komplizierten hormonellen Vorgänge in der Grafik auf Seite 92 stark vereinfacht dargestellt.

Die Bildung der Geschlechtshormone im Pferdekörper läuft auf verschiedenen Ebenen ab. Zwischen diesen Ebenen werden unterschiedliche, spezifische Hormone eingesetzt, die die jeweils nächste Ebene aktivieren. Das übergeordnete hormonelle Zentrum liegt im Zwischenhirn, im Hypothalamus. Von hier aus wird ein Initiierungshormon entsendet, das Gonatogene Releasing Hormon (GnRH). Es wirkt als Botenstoff auf eine kleine, aber für hormonelle Prozesse äußerst wichtige Drüse, die Hypophyse (Hirnanhangsdrüse), die ihrerseits einen Botenstoff entsendet. Dieses Follikel Stimulierende Hormon (FSH), das selbst nicht geschlechtsspezifisch ist, wirkt auf die Gonaden – genauer gesagt, auf die Leydig'schen Zellen und die Sertolizellen in den Hoden. In den Leydig'schen Zellen werden aus dem Chortikoid Cholesterol die Androgene, hauptsächlich Testosteron, gebildet. In den Sertolizellen bewirkt das FSH die Produktion von Östradiol, Inhibin und Androgenem Bindungsprotein (ABP). Inhibin und Östradiol haben eine rückkoppelnde Wirkung auf die Produktion von FSH. Das ABP bindet Testosteron in den Tubuli Seminiferi, den Zellen, in denen das Sperma produziert wird. Dort reichert sich Testosteron im Gewebe an, und die Spermiogenese kann ablaufen. Daneben findet man im Blutkreislauf freies Testosteron sowie seine Zwischenstufen Progesteron und Dihydrotestosteron. Steigt deren Konzentration im Blut über einen bestimmten Grenzwert hinaus an, so wirken diese

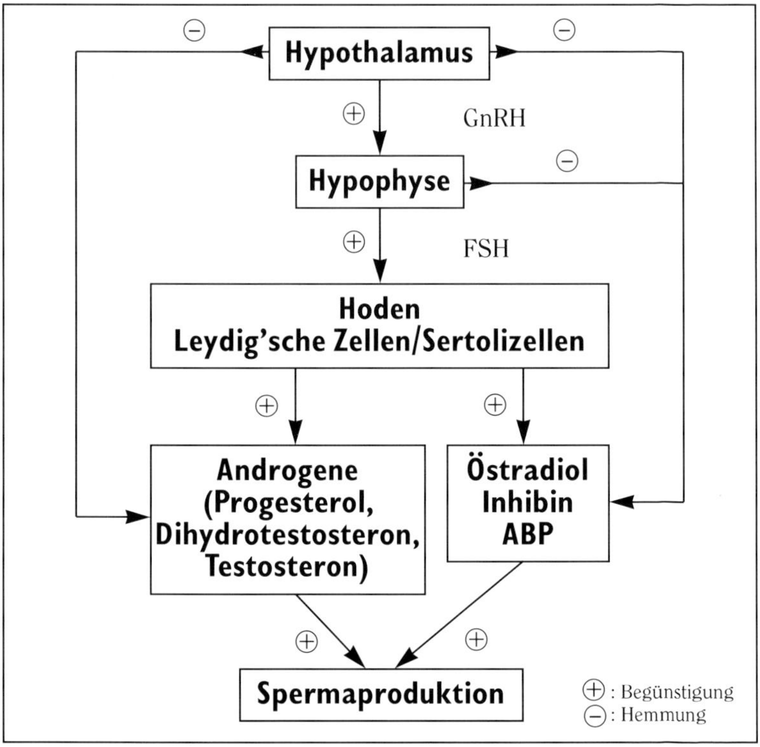

Typisch Mann ...

Weil auch bei einem Wallach noch in ausreichendem Maße männliche Hormone vorhanden sind, wird er niemals wie eine Stute aussehen oder sich wie eine Stute benehmen. Auch ein Wallach kann in der Lage sein, hengsttypisches Verhalten zu zeigen – teilweise bis hin zum vollzogenen Deckakt. Er kann eben nur keine Nachkommen zeugen, weil die Hoden entfernt wurden und er somit nicht mehr in der Lage ist, Sperma zu produzieren. Das ist der Sinn der Kastration. Das Wegfallen der Hodenhormone ist nur ein Nebeneffekt.

Hormone hemmend auf die Produktion von GnRH im Hypothalamus und von FSH in der Hypophyse. Eine solche Regulierung der Hormonprozesse bezeichnet man als Regelkreis. Das Endprodukt (Testosteron) wirkt hemmend auf das Initiierungshormon (GnRH), so daß eine Überproduktion verhindert wird. Die Konzentration von freiem Testosteron im Blut schwankt bei Hengsten mit dem Fortpflanzungszyklus zwischen 1,5 und 3,2 µg/ml.

Zurück zur Kastration: Bei diesem Eingriff werden die Hoden und Nebenhoden entfernt. Man greift – hormonell gesehen – in die letzte Regelstufe des Kreislaufes ein. Es entfällt die Produktion der Androgene Testosteron, Dihydrotestosteron und Progesterol in den Leydig'schen Zellen sowie von Östradiol, Inhibin und ABP in den Sertolizellen. Dadurch wird die Konzentration dieser Hormone im Blut gesenkt. Wie bereits erwähnt, werden Androgene auch anderswo im Körper produziert, so daß ihre Konzentration nie ganz auf Null absinkt. Es ist beispielsweise bekannt, daß sich bei Individuen mit ererbten Testosteronsynthese-Defekten die Nebenniere vergrößert.

Was geschieht bei der Kastration?

Aus züchterischer Sicht ist eine Selektion der Elterntiere durchaus sinnvoll. Hengste, die für den Menschen weniger wünschenswerte Eigenschaften besitzen, sollen schlicht und ergreifend daran gehindert werden, Nachkommen zu zeugen. Für den verantwortungsbewußten Züchter oder Aufzüchter ist das der entscheidende Grund für den Eingriff. Im Zweifelsfall kann er den Zuchtverband und seine entsprechenden Gremien zu Rate ziehen oder einen Termin zur Vorbesichtigung für die Körung wahrnehmen.

Auch nach der Kastration produzieren die Pferde noch männliche Hormone und zeigen oft ein hengsttypisches Verhalten. Dieser Wallach scheint jedenfalls gerne mit seiner Lieblingsstute zu schäkern.

Für den Tierhalter stehen dagegen andere Erwägungen im Vordergrund: Wallache gelten als umgänglicher, zuverlässiger und leistungsbereiter. Schon manches Pferd, das nicht Zuchthengst wurde, entwickelte sich zu einem hervorragenden Reitwallach, der seinem Züchter mehr Ruhm einbrachte, als er es je als Hengst getan hätte. All diese Argumente sprechen für eine Kastration beim Gebrauchspferd.

Die Kastration eines Hengstes ist im Normalfall eine Routineoperation, die vom Haustierarzt in kurzer Zeit durchgeführt werden kann. Dabei werden die Hoden des Hengstes operativ entfernt. Sie liegen zwischen den Oberschenkeln

Der richtige Zeitpunkt

Man sollte die Kastration am besten entweder im Herbst durchführen lassen, wenn der Hengst eineinhalb Jahre alt und die Fliegenplage abgeflaut ist, oder im Frühling beim noch nicht ganz Zweijährigen.

in einem aus der Bauchwand gebildeten Beutel, dem Skrotum. Folglich ist es nicht nötig, die Bauchhöhle des Pferdes zu öffnen, was mit einem erheblichen Risiko verbunden wäre.

Vor der Operation wird sich der Tierarzt vom guten Gesundheitszustand des Pferdes überzeugen und überprüfen, ob beide Hoden im Skrotum liegen. Bei manchen Hengsten verbleibt ein Hoden oder sogar beide in der Bauchhöhle. Diese sogenannten Klopphengste sollten in der Klinik operiert werden, da der Eingriff bei ihnen mit einem größeren Risiko verbunden ist. Vor der Kastration sollte außerdem überprüft werden, ob noch ein ausreichender Schutz gegen Tetanus besteht.

Grundsätzlich gibt es mehrere Möglichkeiten, eine Kastration durchzuführen. Welche Variante im Einzelfall angebracht ist, wird der Tierarzt entscheiden. Jährlinge und in manchen Fällen auch Junghengste bis zum Alter von drei Jahren kastriert man im Stehen. Der Vorteil dieser Methode liegt darin, daß die Operation rascher und zum Teil auch leichter durchzuführen ist. Außerdem wird der Kreislauf des Pferdes im Stehen weniger stark belastet. Der Nachteil besteht darin, daß der Hengst während des Eingriffes hinfallen kann und daß ein Netz- oder Darmvorfall sowie Nachblutungen auftreten können.

Die Kastration findet in sauberer, staubfreier Umgebung statt, zum Beispiel auf einer nahe gelegenen Wiese. Während der Tierarzt seine Utensilien – Skalpell, Schere, Emaskulator und Kastrierzange – bereitlegt, führt eine vertraute Person den Junghengst heran. In jedem Fall ist es empfehlenswert, anstelle des normalen Führstricks eine Führkette zu benutzen – auch wenn das Pferd ruhig erscheint. Hengsten, die sich nur widerwillig vom Tierarzt behandeln lassen, wird von vornherein eine Nasenbremse angelegt – nicht erst dann, wenn sich das Pferd schon aufgeregt hat. Das Narkosemittel, das aus mehreren Komponenten besteht,

Diese Instrumente benötigt der Tierarzt für die Operation: Kastrierzange, Emaskulator, Skalpell und Scheren. Außerdem liegen Narkosemittel und Antibiotika zur Injektion bereit.

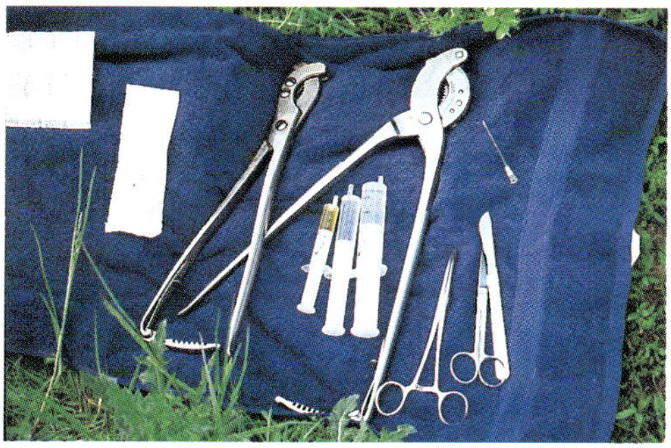

wird in die Halsvene gespritzt. Steht das Tier diese wenigen Sekunden still, so erleichtert das dem Tierarzt die Arbeit erheblich, und dem Pferd wird unnötige Aufregung erspart. In kürzester Zeit beginnt das Narkosemittel zu wirken. Hengste, die abgelegt werden, legt man auf die linke Körperseite. Bevor der Hengst fällt, kann man häufig einen mehr oder weniger starken Erregungszustand beobachten. Die Pferde scheinen Angst vor dem Fallen zu haben. Doch dieser Zustand dauert nur wenige Sekunden.
Solche Angstzustände sind bei Hengsten, die im Stehen kastriert werden, viel seltener. Sie müssen sich allerdings zusätzlich noch eine Lokalanästhesie im Skrotalbereich gefallen lassen. Anschließend reinigt und desinfiziert der Tierarzt das Operationsfeld sowie die Oberschenkel des Pferdes.
Nun kann die eigentliche Kastration beginnen. Mit dem Skalpell eröffnet der Veterinär die Tunika. Die Hoden werden sichtbar. Oberhalb der Hoden wird der Samenstrang mit der Kastrationszange gequetscht. Häufig nimmt der Tierarzt danach noch eine zweite Zange zur Hilfe, den Emaskulator. Mit dieser Zange wird der Hoden abgetrennt. Die doppelte Quetschung mit gleichzeitigem Abschneiden des Hodens wirkt weitgehend der Gefahr einer Nachblutung aus den Samenstranggefäßen entgegen. Nach einer Weile wird zuerst die eine, dann die andere Zange geöffnet, der Tierarzt versichert sich, daß keine Nachblutungen auftreten und verfährt mit dem zweiten Hoden genauso.

Ist das junge Pferd kastriert, so wird die Wunde nochmals desinfiziert und lokal mit Antibiotika behandelt. Auf Wunsch stellt der Tierarzt das Pferd zusätzlich unter den Schutz eines Langzeitantibiotikums.
Nachblutungen kommen manchmal noch nach Stunden, selten nach Tagen vor. In jedem Fall muß bei solchen Komplikationen der Tierarzt zu Rate gezogen werden. Er wird das Tier nötigenfalls nochmals sedieren, um ruhiger arbeiten zu können. Ein Netzvorfall kommt relativ selten vor, sollte jedoch ebenfalls dem Tierarzt mitgeteilt werden. Starke Schwellungen deuten auf postoperative Komplikationen hin – vor allem, wenn sie gemeinsam mit eitrigem Ausfluß, Fieber und Schmerzen auftreten. Sie sollten unbedingt sofort dem Tierarzt gemeldet werden, auch wenn sie erst nach Tagen in Erscheinung treten. Eine leichte Schwellung im Operationsbereich ist dagegen vollkommen normal. Sie geht nach etwa einer Woche von selbst zurück.
Normalerweise wird sich das Verhalten des Wallachs vorerst nicht

Oben: Während des gesamten Eingriffs sollte das Pferd von einer vertrauten Person gehalten und beruhigt werden.

Unten: Mit der Kastrierzange wird der Samenstrang gequetscht, bevor der Hoden abgetrennt wird.

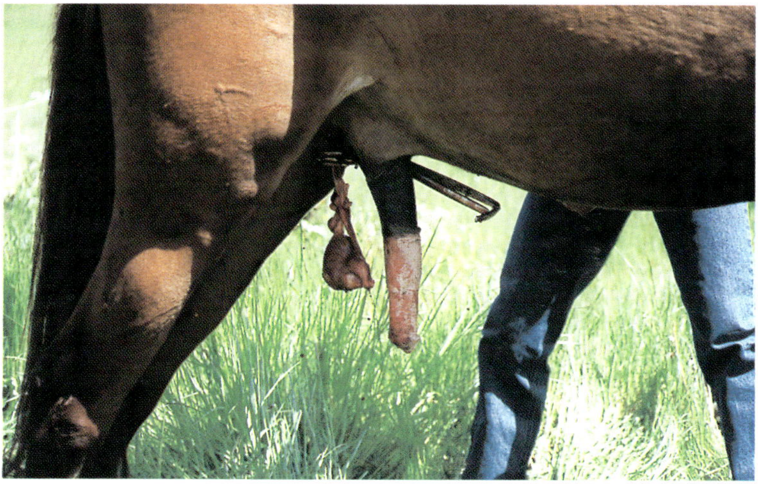

Die Tage danach

Nach der Kastration sollte der Wallach noch einige Tage unter Beobachtung bleiben, damit eventuell auftretende Komplikationen wie Nachblutungen oder Netzvorfall rasch erkannt und behandelt werden können. Man sollte ihn nicht in den Stall sperren, sondern ihn im gewohnten, ruhigen Herdenverband auf eine möglichst saubere Wiese mit geschlossener Grasnarbe lassen – bitte nicht in einen Sandpaddock oder Matschauslauf!

wesentlich ändern. Weder der Appetit noch das Allgemeinbefinden sollte sich in den nächsten Tagen verschlechtern. Das eventuell bereits ausgeprägte „hengstige" Verhalten legt das Pferd erst nach mehreren Monaten ab. Diese Verhaltensweisen werden zum großen Teil hormonell gesteuert, und es dauert mehrere Wochen, bis die Sexualhormone im Blut abgebaut sind. *Man sollte auch beachten, daß Kastraten noch vier bis acht Wochen nach dem Eingriff fruchtbar bleiben.* Um ungewollten Nachwuchs zu verhindern, sollten die Tiere deshalb zunächst in der Junghengstgruppe bleiben.

Kann man auch ältere Hengste kastrieren?

Vom Operationsablauf her stellt die Kastration auch bei einem älteren Hengst kein größeres Problem dar – vorausgesetzt, er ist normal entwickelt. Allerdings sollte man ältere Hengste einem erfahrenen Chirurgen überlassen, zum Beispiel einer Tierklinik. Auch alle Problemfälle wie Klopphengste oder solche mit Anomalien der Hoden sind in einer Klinik besser aufgehoben, auch weil sie postoperativ überwacht werden sollten.

Trotz der Fortschritte der Tiermedizin und obwohl Kastrationen heutzutage nur unter Narkose stattfinden dürfen, lehnen manche Besitzer den Eingriff rigoros ab. Sie befürchten, daß die Psyche des Pferdes in Folge der Kastration leiden könnte. Oft wird dies mit dem Verlust der Sexualhormone begründet. Manche Besitzer wollen dem Pferd auch keinen Schmerz zufügen oder haben Probleme damit, danach keinen „richtigen Hengst" mehr ihr eigen zu nennen. Um des Pferdes willen sollte man jedoch alle vermenschlichenden Argumente beiseite schieben. Denn für das Pferd gibt es oftmals nur zwei Alternativen: entweder nach der Kastration in der Jugend zwei Tage lang ein unangenehmes Zwicken – oder ein Leben in Isolationshaft hinter Gittern. Was wäre Ihnen lieber?

Auf einen Blick: Die schwierigen Jahre

- Das aggressive Potential ist bei Hengsten höher als bei Stuten. Das Kampfverhalten beschränkt sich bei Haremshengsten jedoch in aller Regel auf ritualisierte Fragmente und verläuft meist unblutig.
- Die ritualisierten Aggressionen von Hengsten unterteilt man in das Droh- und das Imponierverhalten. Dem Drohverhalten liegt im Gegensatz zum Imponierverhalten stets eine Kampftendenz zugrunde.
- Die artgerechte Haltung ist nicht unbedingt mit Einschränkungen in der Nutzung des Hengstes verbunden, doch die Eingewöhnung eines Hengstes in eine Stutenherde erfordert viel Fingerspitzengefühl.
- Vorsicht ist bei Althengsten geboten, die bisher nur an der Hand gedeckt haben und jetzt in eine Gruppe integriert werden sollen.
- Täglicher Auslauf auf einer Weide oder in einem Paddock sollte auch in der Hengsthaltung eine Selbstverständlichkeit sein.
- Hengste, die Anzeichen von sozialem Streß zeigen, müssen umgehend in ein angemesseneres soziales Umfeld gebracht werden.
- Die soziale Rangordnung ist für Pferde eine zentrale Frage.
- Nicht immer ist der Herdenhengst auch das ranghöchste Tier.
- Treibeverhalten ist beim Hengst ein Ausdruck von Dominanz.
- Nur gekörte Hengste sind offiziell zur Zucht zugelassen. Zur Körung können nur Hengste vorgestellt werden, die den gesundheitlichen und geschlechtlichen Mindestanforderungen genügen und deren Pedigree den Bestimmungen entspricht.
- Die Körkommission beurteilt den Rasse- und Geschlechtstyp, den Körperbau und die Korrektheit der Grundgangarten sowie gegebenenfalls das Springvermögen beim Freispringen.
- Gekörte Hengste müssen bei der Hengstleistungsprüfung ihre Reiteigenschaften unter Beweis stellen.

Auf einen Blick: Die schwierigen Jahre

- Bei fast allen Pferderassen wird die Leistungsprüfung in Form eines Stationstests durchgeführt. Diese Tests stellen eine große Belastung für die jungen Hengste dar.
- Die hormonelle Steuerung der Spermiogenese beim Hengst verläuft auf mehreren Ebenen.
- Geschlechtshormone beeinflussen die Ausprägung der sekundären Geschlechtsmerkmale wie etwa des Hengsthalses und der Bemuskelung. Die männlichen Geschlechtshormone werden aber nicht nur in den Hoden produziert.
- Auch Wallache können hengsttypische Verhaltensweisen bis hin zum Deckakt zeigen, aber sie können keine Nachkommen mehr zeugen.
- Die Kastration ist im Normalfall ein Routineeingriff, der vom Haustierarzt durchgeführt werden kann.
- Frisch kastrierte Wallache sollten einige Tage unter Beobachtung, aber nicht im Stall bleiben.
- Manipulationen an der Operationswunde dürfen nur vom Tierarzt vorgenommen werden.

Der Hengst unter dem Sattel

Der Hengst als zuverlässiger Freizeitpartner muß kein Wunschgebilde bleiben. Zu tobenden Ungeheuern werden die Pferde nur durch falsche Haltung und Behandlung.

Wer eine harmonische Beziehung zu einem Hengst aufbauen möchte, der braucht eine gefühlvolle und erfahrene Hand. Der Ausbilder muß einerseits lernen, mit den stark instinktgeprägten Verhaltensweisen des Pferdes umzugehen und entstehende Aggressionen zu kanalisieren. Andererseits muß er sich selbst ständig unter Kontrolle haben.

Platz da, jetzt komm' ich!

Um das Verhalten eines Hengstes begreifen und angemessen darauf reagieren zu können, sollte man zunächst alle „Fury"- und „Blitz"-Illusionen vergessen. Die Beziehung zwischen Hengst und Hengsthalter hat nichts mit menschlichen Vorstellungen von Freundschaft oder Kameradschaft zu tun. Das Verhalten eines Hengstes in der Welt der Menschen wird durch die Gewöhnung bestimmt.

Das Pferd gewöhnt sich an bestimmte Gegebenheiten, Handlungsabläufe und Personen. Hat es einmal eine Gewohnheit angenommen, so hält es auch an ihr fest.[27] Diese Erkenntnis sollte man sich stets vor Augen halten, da sie für das Verhältnis des Pferdes zum Menschen sehr wichtig ist.[28]

Der Hengst im Training

Die (erlernte) Gewöhnung stellt im Pferdealltag sozusagen den Gegenpol zum Instinktverhalten dar.

Beim täglichen Umgang mit dem Pferd oder beim Reiten gibt es viele Situationen, in denen wir mit diesen beiden inneren Gegensätzen arbeiten: mit dem Instinkt, der nach wie vor vorhanden ist, und der Gewöhnung, die das Pferd dazu bringt, nicht nur instinktgemäß zu reagieren.

Instinktiv würde ein Pferd beispielsweise vor einem herannahenden Auto flüchten. Da wir es jedoch an die Situation gewöhnt haben, bleibt es ruhig am Straßenrand stehen und läßt das Fahrzeug passieren. An bunten Sprungstangen würde ein Pferd vorbeilaufen, wenn es nur seinem Instinkt folgen würde. Da wir es jedoch damit vertraut gemacht haben, springt es darüber.

Domestizierte Pferde reagieren auf bestimmte Situationen also anders, als es ihnen ihr Naturell vorschreibt. Sie haben sich an das Leben mit dem Menschen angepaßt – man könnte auch sagen, das Pferd wurde „umerzogen". Doch die Voraussetzung für jede Art von Erziehung ist, daß die größere Erfahrung und der höhere Rang des „Lehrers" von seinem „Schüler" akzeptiert werden.

Pferde sind Herdentiere und als solche sehr stark auf das Rangordnungsverhalten ausgerichtet. Folglich wird auch die Einstellung dem Menschen gegenüber von der Rangordnung bestimmt. Hauspferdehengste begreifen den Menschen als sozialen Partner, der ranghöher, ranggleich, rangniedriger oder ein Feind sein kann. Wenn wir gefahrlos mit ihnen umgehen und sie ausbilden wollen, müssen wir eine ranghöhere Position einnehmen.

Sieht das Pferd den Menschen als rangniedriger an, so wird die Ausbildung dadurch deutlich erschwert, wenn nicht sogar unmöglich gemacht. Eine Gleichstellung ist ebenfalls nicht wünschenswert, denn sie führt zu ständigen Machtkämpfen. Wird der Mensch als Feind angesehen, ist eine Ausbildung so gut wie gar nicht mehr durchführbar. Ein geschickter Hengsthalter wird daher versuchen, vom Pferd als höhergestellter Partner angesehen zu werden.

Die ranghohe Position ist für den Menschen mit Rechten und Pflichten verbunden. Zu den Rechten eines Leittieres in der Herde gehört zum Beispiel der relativ große Individualabstand – ein Aspekt, der für den körperlich unterlegenen Menschen von großer Bedeutung ist. Stellen wir uns einmal folgende Situation vor: Ein Pferd wird von einem Menschen am Strick einen Weg entlanggeführt. Das Pferd erschrickt und springt zur Seite. Eine recht gefährliche Situation für den führenden Menschen: Springt das Tier auf ihn zu, so prallen 400 bis 600 Kilogramm Pferd gegen 60 bis 80 Kilogramm Mensch. Im Normalfall bleibt dem Führenden nicht genug Zeit, um seinerseits auszuweichen.

In natürlicher Umgebung vermeiden es rangniedere Pferde nach Möglichkeit, ranghohe anzurempeln. Auch in Streßsituationen berücksichtigen die Tiere den Anspruch der dominanten Herdenmitglieder auf einen hohen Individualabstand.

Wird der Mensch als ranghoch angesehen, so wird das Pferd daher versuchen, der vermeintlichen Gefahrenquelle auszuweichen, ohne dabei den dominanten Zweibeiner anzurempeln. Das Pferd springt nach vorne oder hinten oder bleibt einfach stehen. Der ausreichend lange Führstrick gibt ihm die Möglichkeit dazu – und dem Menschen genug Zeit, sich auf die Situation einzustellen.

Doch mit der Position des Ranghohen übernehmen wir auch Pflichten. Die Leitstute führt die Herde bei der Suche nach Nahrungsressourcen an und trägt entscheidend zum Schutz des Familienverbandes bei. Ein Pferd wird sich der Führung des Menschen anvertrauen, wenn ihm ein Gefühl von Sicherheit gegeben wird. Der Aufbau eines solchen Vertrauensverhältnisses braucht Zeit. Es wächst langsam und sollte möglichst selten enttäuscht werden. Leider wird gerade dieser Punkt beim täglichen Umgang und bei der Nutzung sehr häufig außer acht gelassen.

Man kann Tiere in großen und in

kleinen Dingen enttäuschen. Führt man ein Pferd zum Beispiel über eine Brücke, und sie bricht unter ihm zusammen, so ist das ein ziemlicher Vertrauensbruch. Denn es ist dem Menschen in der Annahme gefolgt, keinen Schaden zu erleiden.

Doch auch der Alltag eines Sportpferdes basiert auf gegenseitigem Vertrauen. So würde zum Beispiel kein Pferd von sich aus und ohne Anlaß auf die Idee kommen, Geländehindernisse zu überwinden, wie sie im Vielseitigkeitssport üblich sind. Daß gut ausgebildete Vielseitigkeitspferde über derartige Hindernisse springen, obwohl sie die Landestelle auf der anderen Seite gar nicht sehen können, daß

Erziehung ist alles: Der Welsh-Cob-Hengst „Zeus of Stowell" muß nicht einmal angebunden werden, während seine Besitzerin Ilka Hüggenberg ihm das Geschirr anlegt. Die 18jährige hat den Hengst selbst ausgebildet.

Die Macht der Gewohnheit: Durch konsequente Erziehung und Gewöhnung hat der Welsh-A-Deckhengst „Menai Arweunydd" gelernt, den Anweisungen der neunjährigen Larissa Stupperich zu folgen.

sie in Wassergräben hineinspringen, von denen sie nicht wissen, wie tief sie sind – das sind die Ergebnisse einer jahrelangen Vertrauensarbeit. Der bekannte, international startende Vielseitigkeitsreiter Ulrich Werchau faßt es so zusammen: „Ein gutes Vielseitigkeitspferd springt mit seinem Reiter über Rasierklingen, wenn er es verlangt! So bedingungslos muß das Vertrauensverhältnis sein."

Bei Sportpferden wird das Vertrauen oft durch Überforderung oder durch eine Strafe am falschen

Notwendige Vertrauensbasis

Ohne Vertrauen wird ein Pferd niemals zuverlässigen Gehorsam zeigen – doch genau das ist für den gefahrlosen Umgang mit diesem kräftemäßig weit überlegenen Tier zwingend notwendig.

Platz mißbraucht. Welchen Sinn hat es, ein junges Pferd zu verprügeln, das aus Unsicherheit einen Sprung verweigert? Vielleicht springt das Pferd hinterher – dann aber aus Angst! Dauerhaft kann man den Gehorsam jedoch nicht erzwingen.

Der andere, tiergerechtere Weg dauert etwas länger, führt aber zu einem besseren Ergebnis. Man setzt die Höhe des Sprunges herab, um dem jungen Pferd das Selbstvertrauen zurückzugeben. Auch in diesem Fall wird das Pferd das Hindernis nehmen – vielleicht am Ende der Stunde, vielleicht auch erst zwei Tage später. Sicher, für den Reiter ist letztendlich die Tatsache wichtig, daß das Pferd springt. Ob es das tut, weil es gelernt hat, dem Menschen zu vertrauen, oder weil es Angst vor der Strafe hat, ist manchem Reiter wohl egal.

Wer jedoch die Ausstrahlung und die Persönlichkeit seines Pferdes erhalten will, der wird seinen Youngster tiergerecht ausbilden und ihn an fremde oder beängstigende Dinge langsam und mit sinnvoller Hilfengebung heranführen. Gewalt schafft nämlich nicht Vertrauen, sondern Unsicherheit, und durch Brutalität erreicht man keinen höheren Rang, sondern Feindschaft.

Hengste streben nach Möglichkeit die höchste soziale Stellung in einer Gruppe an. Doch gerade im Verhältnis zwischen Mensch und Hengst ist die ranghohe Position des Menschen essentiell. Schließlich kann es für den Hengsthalter keineswegs erstrebenswert sein, ständig Rangordnungskämpfe mit einem 400 bis 600 Kilogramm schweren Pferd austragen zu müssen. Doch aus seiner ranghohen Position zieht der Hengsthalter noch andere Vorteile: Die Unterordnung des Hengstes gibt ihm das Recht, andere Pferde zu tabuisieren. Das heißt, Hengste können durchaus lernen, daß sie andere Pferde in Anwesenheit des Menschen nicht anrühren dürfen. Auf diese Art und Weise kann man einen Hengst davon abhalten, die rossige Stute auf dem Reitplatz „anzubaggern“ oder den Konkurrenten beim Training in der Halle verjagen zu wollen.

Wie aber kann man das Ziel, als ranghoch angesehen zu werden, am besten erreichen? Selbstverständlich kann man kein Pferd und erst recht keinen Junghengst mit Streicheleinheiten oder mit einem beiläufigen „Ach, laß das doch bitte!“ erziehen. Man sollte sich aber auch unbedingt davor hüten, ein Pferd im Zorn zu strafen.

Im Umgang mit Hengsten muß man seine Emotionen kontrollieren können und möglichst rational handeln. Wenn ein Pferd beginnt, sich dem Menschen gegenüber aggressiv zu verhalten, muß es zurechtgewiesen werden – egal, wie

Vertrauen ist die Basis für eine harmonische Zusammenarbeit, wie sie hier der Holsteiner Deckhengst „Marquis“ und seine Reiterin Christel Trafoir zeigen.

alt und wie groß es ist. Das gilt für ein Fohlen genauso wie für einen ausgewachsenen Deckhengst, für ein Shetlandpony ebenso wie für ein Shire Horse. Die Strafe muß augenblicklich erfolgen, angemessen sein und sofort beendet werden, wenn das Pferd das aggressive Verhalten einstellt.

Nachdem sich der Hengst unserem Willen unterworfen hat, sollte er umgehend gelobt und möglichst mit Futter belohnt werden. Pferde sind nicht nachtragend. Folglich

wird der Hengst die Futterbelohnung nicht mit der Unart, sondern mit dem Gehorsam verbinden.
Die Strafe als Antwort auf unerwünschtes Verhalten muß konsequent erfolgen, die Grenzen müssen klar abgesteckt sein. Das „Nein!“ des Ausbilders muß ein „Nein!“ sein und nicht ein „Heute vielleicht doch ...“, und das „Stop!“ muß ein „Halt!“ sein und kein „Schnell noch ein Schrittchen“. Was jedoch soll man tun, wenn man zwar konsequent „Nein!“ gesagt hat, das Pferd sich aber nicht daran hält? In diesem Fall kommt man um eine Zurechtweisung nicht herum – vorausgesetzt, man ist sicher, daß das Pferd das Kommando kennt und versteht.
Diese Zurechtweisung ist keine Strafe im Sinne von Vergeltung. Sie hat ausschließlich den Zweck, den Hengst in seine Schranken zu verweisen. Deshalb ist die Zurechtweisung nur sinnvoll, wenn der Hengst sie im Zusammenhang mit dem Fehlverhalten sehen kann. Sie muß sofort und konsequent erfolgen. Dann darf sie auch einmal härter ausfallen. Es hat aber keinen Sinn, erst im Stall eine Gerte zu holen, zurückzukommen und anschließend das Pferd zu vertrimmen – das Tier könnte den Zusammenhang zwischen Tat und Strafe nicht mehr erkennen.

Das Rangverhältnis zwischen Ausbilder und Hengst wird im Normalfall nicht oder kaum vom Sattel aus geklärt, sondern in erster Linie im täglichen Umgang. Die wohl schwierigste Zeit im Leben eines Hengstes scheint die Phase vom vierten bis zum sechsten Lebens-

Das richtige Strafmaß

Jede Strafe muß angemessen sein. Eine angedeutete Beißabsicht kann man zum Beispiel mit einem scharfen „Nein!“ oder einem Klaps aufs Maul bestrafen. Deutlich aggressivem Verhalten wie etwa dem Steigen muß man dagegen mit aller Härte begegnen. Trotzdem darf man selbst in solchen Situationen Härte nicht mit Brutalität verwechseln. Eine Strafe darf keinesfalls zu länger andauernden Schmerzen oder Schäden führen, und sie muß so praktiziert werden, daß sie für das Pferd verständlich ist. Ein Kick mit der Hinterhand wird beispielsweise mit einem (!) Gertenhieb gegen das Hinterbein beantwortet; wenn das Pferd beißt, bekommt es einen gezielten Schlag gegen das Maul. Durch solche sinnvollen Zurechtweisungen erreicht man das erzieherische Ziel am besten.

Die Rangordnung zwischen Mensch und Pferd wird in der Regel nicht beim Reiten oder Fahren geklärt, sondern im täglichen Umgang. Sind die Verhältnisse klar, so wird sich das Pferd auch im Training so kooperativ zeigen wie der Welsh-Cob-Hengst „Zeus of Stowell".

jahr zu sein, also der Lebensabschnitt, in dem ein Junghengst in freier Wildbahn einen Harem aufbaut. In dieser Zeit muß der Ausbilder ein hohes Maß an Einfühlungsvermögen und manchmal auch Mut aufbringen. Er muß in der Lage sein, Imponier-, Droh- und Kampfverhalten zu unterscheiden, schon ansatzweise zu erkennen und angemessen darauf zu reagieren. Deshalb braucht man für die Erziehung und Ausbildung eines Hengstes sehr viel Sachkenntnis und Erfahrung. Sind die Rangordnungsverhältnisse im täglichen Umgang klar, so gibt es normalerweise auch bei der reiterlichen Nutzung des Hengstes keine größeren Probleme.

Insgesamt liegen die Verhältnisse beim Reiten etwas anders. Der Sexualtrieb des Hengstes ist gedämpfter – vorausgesetzt, dem Hengst wurde bereits in der Grundausbildung beigebracht, daß die Arbeit unter dem Sattel nichts mit dem Decken zu tun hat. Um

Zurechtweisung im Rückwärtsgang

Gerade bei Hengsten ist das Rückwärtsrichten als strafende Maßnahme bedeutsam. Das Rückwärtstreten, eine anstrengende Lektion mit psychischem Nebeneffekt, ist für den Hengst ein Zurückweichen. Das strafende Rückwärtsrichten bedarf einer gefühlvollen Hand, und es muß sofort beendet werden, wenn der Hengst sich fügt – was sich häufig durch ein Nachgeben im Genick zeigt. Danach läßt man den Hengst eine kurze Zeit in Ruhe, bevor man das Training fortsetzt.
Beim strafenden Rückwärtsrichten an der Hand muß man ebenfalls vorsichtig agieren, denn der Bewegungsablauf ermöglicht es dem Hengst, sich „auf die Hinterhand zu setzen" und zu steigen. Folglich sollte man dabei niemals vor dem Pferd stehen, sondern vorsichtshalber immer seitlich neben der Schulter.

dem Hengst die Unterschiede deutlich zu machen, empfielt es sich, zumindest in der Anfangszeit zwei verschiedene Trensen zu verwenden. Bei gut erzogenen Hengsten genügt zum Decken sogar ein Halfter mit Führkette. Außerdem sollte der Deckakt nie auf dem Reitplatz stattfinden, und selbstverständlich muß hengstiges Verhalten beim Reiten konsequent geahndet werden. Ein aufmerksamer Reiter wird schon die ersten Anzeichen von Unruhe bei seinem Pferd spüren und angemessen darauf reagieren. Diesbezüglich Ratschläge zu erteilen, ist angesichts der Vielschichtigkeit der Pferdepersönlichkeiten sehr schwierig. Während es bei dem einen Hengst vielleicht genügt, ihn mit einer anstrengenden Dressurlektion zu beschäftigen und somit seine Aufmerksamkeit wieder auf den Reiter zu lenken, muß ein anderer unter Umständen mit härteren Mitteln zur Räson gebracht werden.

Das Steigen ist ein ausgesprochen aggressiver Akt und zudem für den Menschen außerordentlich gefährlich. Jeder, der schon einmal einem steigenden Hengst gegenübergestanden hat, weiß, was ich damit meine. Deshalb sollte man dieses Verhalten beim Junghengst möglichst rasch unterbinden. Ein Gertenhieb auf die Vorderbeine des Pferdes, verbunden mit einem konsequenten „Nein!", genügt beim ersten, angedeuteten Steigen als Zurechtweisung. Im Ernstfall ist (fast) jedes Mittel recht, das sofort und effektiv wirkt, denn schließlich kann ein Schlag mit dem Vorderhuf für den Menschen sehr schlimme Folgen haben. Bei einem steigenden Hengst zimperlich zu sein, ist Tierliebe am falschen Platz. Ich finde es weit tiergerechter, einen Junghengst in dieser Situation ein- oder zweimal gezielt hart zu strafen und dies später nie wieder tun zu müssen, als die Zurechtweisung im Jugendalter zu versäumen und ein Leben lang gegen diese Untugend ankämpfen zu müssen. Schließlich sind Pferde untereinander ebenfalls wenig zimperlich, wenn es um die Rangordnung geht. Solche Kämpfe werden hart ausgefochten, aber sie werden sofort beendet, wenn der Schwächere nachgibt.

Genauso wichtig wie die prompte und angemessene Strafe ist es, diese wirklich augenblicklich zu beenden, wenn sich die Widersetzlichkeit in Unterwerfung beziehungsweise Fluchttendenz verwandelt hat. In freier Natur würde sich das Pferd zur Flucht wenden, was der Mensch in diesem Fall verhindert. Nimmt man einem Tier die Möglichkeit zur Flucht und greift es trotzdem weiter an, so sieht es den

Ein steigendes Pferd stellt für den Menschen eine große Gefahr dar. Zur konsequenten Erziehung gehört es, den Hengst nötigenfalls auch einmal hart zu strafen.

Selbstbewußt, mutig und charakterfest – so wünscht man sich den Freizeitpartner Hengst. Um diese Eigenschaften zu erhalten und zu fördern, muß man die individuellen Grenzen des Pferdes berücksichtigen. Hier ist der Welsh-Cob-Hengst „Zorro“ der Autorin zu sehen.

Gefährliche Situationen im Alltag mit Hengsten kann man vermeiden, wenn man sich vor Augen hält, daß bestimmte Verhaltensabläufe wie zum Beispiel das Erkunden, Meiden oder Angreifen an bestimmte Distanzen gebunden sind. Diese Tatsache machen sich professionelle Trainer zunutze. Doch auch jeder „normale“ Ausbilder wendet sie an, ohne sich dessen bewußt zu sein. Wie die Ringe einer Zielscheibe umgeben diese drei Distanzen das Pferd, die in vielerlei Hinsicht sein Verhalten bestimmen.

Den äußersten Ring bildet mit einem Radius von 15 bis 500 Metern der **Erkundungsabstand.**[29] Bemerkt das Pferd in dieser Entfernung etwas Ungewohntes, so nimmt es die „Habacht-Stellung“ ein: Es hebt den Kopf, spitzt die Ohren und wendet sich dem Unbekannten zu. Nähert sich das fremde Objekt weiter und dringt es dabei in die **Meidezone** ein, so reagiert ein freilebendes Pferd mit Flucht- oder Meideverhalten. Geflohen wird meist im Verband, während ein Einzeltier

Menschen nicht mehr als sozialen Partner, sondern als Feind. Die unnötig verlängerte Bestrafung läßt den Respekt in Angst umschlagen. Das Pferd wehrt sich und wird zum Angstschläger oder -beißer, was keineswegs der Sinn einer erzieherischen Maßnahme sein kann.

eher weicht. Kommt man schließlich noch näher heran und hindert das Pferd an der Flucht, so unterschreitet man die **Angriffsdistanz**, und das Verhalten des Pferdes schlägt in Aggression um: Es greift an.[30] Sehr häufig setzt es dabei seine stärkste Waffe ein – die Hinterbeine. Bei nicht ganz menschengewöhnten oder sehr ängstlichen Pferden kann es aus diesem Grund gefährlich sein, die Box zu betreten. Ist der Mensch für das Pferd zum gewohnten Objekt geworden und verbindet es seinen Anblick nicht mit einer schlechten Erfahrung, dann reagiert es auf sein bloßes Erscheinen selbstverständlich nicht mehr aggressiv. Trotzdem läßt sich das oben beschriebene Verhalten bei jedem Pferd auslösen. Beobachten Sie Ihr Pferd, wenn Sie es auf der Weide besuchen. Zunächst wird es, wenn es Sie noch nicht erkannt hat, den Kopf heben und erkunden, wer da in sein Blickfeld gekommen ist. Erkennt es Sie, dann kommt es entweder näher, oder es bleibt zumindest stehen, bis Sie herangekommen sind.

Gerade bei Hengsten kann man gut mit diesen Zonen arbeiten, sobald man die individuellen Distanzen des jeweiligen Pferdes ermittelt hat. Hat man zum Beispiel das Gefühl, daß der Hengst jeden Moment einem anderen Pferd gegenüber aggressiv wird, so reicht es oftmals aus, den Abstand zwischen ihm und dem anderen Pferd zu vergrößern. Auch andere Verhaltensmuster oder sexuelle Erregung kann man unter Kontrolle halten, wenn man rechtzeitig für die nötige Entfernung sorgt.

Der Hengst auf dem Turnier

Auf einer öffentlichen Veranstaltung wie etwa einem Turnier, einer Schau oder der Körung steht das persönliche Interesse des Hengsthalters, sein Pferd einem größeren Publikum und/oder einem Richtergremium vorzustellen, in Kon-

Richtige Selbsteinschätzung beugt Chaos vor

Jeder, der schon einmal in einer Abteilungsdressur oder auf dem Vorbereitungsplatz ein reiterlos vor sich hinbuckelndes Pferd gesehen hat, weiß, wieviel Verwirrung ein solches Tier stiftet. Doch gegen das Chaos, das ein widerspenstig gewordener Hengst auslösen kann, ist das noch gar nichts. Bevor man mit seinem Hengst zu einem öffentlichen Auftritt fährt, sollte man deshalb sorgfältig abwägen, ob man dem Pferd auch in kritischen Situationen gewachsen ist.

Der Alptraum jedes Hengstbesitzers: Diese Isländerhengste tragen ihre Auseinandersetzung in aller Öffentlichkeit und ungeachtet ihrer Reiter aus.

flikt mit dem allgemeinen Bedürfnis nach Sicherheit.

Ein Turnier- oder Schaubesuch ist mit der routinemäßigen Arbeit zu Hause nicht zu vergleichen. Schon Stuten und Wallache reagieren häufig mit Aufregung und Nervosität auf die kribbelige Atmosphäre, wenn sie nicht daran gewöhnt sind. Es empfielt sich daher, einen Reithengst zunächst einmal an den Turnier- oder Schaubetrieb zu gewöhnen. Nehmen Sie das junge Pferd mit, ohne es in einer Prüfung genannt zu haben. Zeigen Sie ihm den Vorbereitungsplatz, die Halle und die flatternden Fahnen am Wegrand. Erst wenn Ihr Hengst das alles gelassen hinnimmt, sollten Sie sich in eine Prüfung wagen.
Hengste, die an Turnieren oder Schauen teilnehmen, müssen in jedem Fall so gut erzogen werden, daß sie sich in ihrem Benehmen

nicht von Wallachen unterscheiden. Die anderen Reiter und Pferde sollten sich durch das Auftreten des Hengstes weder gestört noch bedroht fühlen. Schließlich sollte jeder auf dem Vorbereitungsplatz und im Viereck die gleiche Chance haben.

Andererseits müssen Sie daran denken, daß niemand damit rechnet, daß Sie einen Hengst reiten. Folglich wird auch niemand Rücksicht darauf nehmen. In eine Abteilung oder auf ein Turnier gehört ein Hengst deshalb erst dann, wenn er so rittig ist, daß er die Hilfen des Reiters als zwingend akzeptiert, und wenn er gehorsam genug ist, um anderen Pferden gegenüber nicht mehr aggressiv zu sein. Wenn man merkt, daß der Hengst auf dem Vorbereitungsplatz doch einmal außer Kontrolle gerät, sollte man zur eigenen und zur Sicherheit der anderen den Platz verlassen.

Vor allem bei Zuchthengsten ist es aus vielen Gründen durchaus wün-

Vor allem Zuchthengste sollten regelmäßig in der Öffentlichkeit vorgestellt werden.

schenswert, daß sie regelmäßig öffentlich vorgestellt werden. Zum einen bringt so ein Turnier- oder Schaubesuch Abwechslung in das Hengstleben – ja, für viele ist es sogar die einzige Chance, dem Stalldasein kurzzeitig zu entfliehen. Zum anderen wird im Zeitalter des Sportpferdes immer mehr nach der Eigenleistung des Vatertieres gefragt, und vielen Stutenbesitzern reicht da die abgelegte Leistungsprüfung nicht mehr aus. Auch kommerzielle Gründe bewegen Privathengsthalter dazu, ihre Hengste regelmäßig vorzustellen. Erfolgreiche Sporthengste bringen nicht nur Gewinnsummen in den Stall, man kann für sie auch höhere Decktaxen verlangen. Außerdem machen sie Werbung für die eigene Nachzucht.

Die Sport- und Freizeitpferdezucht und die damit verbundenen Hengsthaltungen verfolgen ziemlich unterschiedliche, wenn nicht sogar konträre Ziele. Während die Sportpferdezüchter durchaus auch die finanziellen Vorteile sehen und bewußt einkalkulieren, handelt es sich bei der Hengsthaltung im Freizeitpferdebereich meist um eine eher ideelle Angelegenheit.

Die eine oder andere Rasse hat sich zwar wohl eine Nische ergattert – zum Beispiel Island-, Western- oder Fahrpferde, mit denen auch anerkennenswerter Leistungssport betrieben wird. Doch die meisten Pony- und Spezialrassen sind für einen Abnehmerkreis gedacht, der nur ein geringes Interesse an sportlichen Höchstleistungen hat. Deshalb sieht man beispielsweise nur selten Haflinger-, Fjord- oder Welsh-Cob-Hengste im großen Sport. Ihr Verschwinden aus dem Turniersport bedeutet jedoch keinesfalls, daß sie nun zu reinen Zuchttieren geworden sind. Viele von ihnen werden freizeitmäßig gefahren und/oder geritten. Andere stellen im Distanzsport ihre Leistungsbereitschaft oder bei Freizeitreiterturnieren ihre Charakterfestigkeit unter Beweis.

Es würde den Rahmen dieses Buches sprengen, die verschiedenen Nutzungsbereiche dieser großen und recht unterschiedlichen Rassegruppen zu beschreiben. Generell gilt jedoch für Hengste all dieser Rassen das gleiche wie für Sportpferdehengste: Sie gehören erst dann in die Öffentlichkeit, wenn sie sich dort entsprechend benehmen können – und nur mit einem Reiter, der die für einen Hengst nötigen reiterlichen Fähigkeiten und die entsprechende Erfahrung besitzt.

Stall gesucht!

Wer keinen eigenen Stall besitzt, sondern auf einen Pensionsstall angewiesen ist, der wird schon als Eigentümer eines Junghengstes auf große Schwierigkeiten mit den Stallbetreibern und Pferdebesitzern stoßen. Noch schwieriger als die Suche nach einem geeigneten Aufzuchtstall ist es jedoch, einen Pensionsplatz für einen ausgewachsenen Hengst ausfindig zu machen.

Artgerechte Hengsthaltung

Viele Autoren und nicht zuletzt auch die Gesetzgeber haben versucht, Regeln für die Haltung von Tieren aufzustellen – und zwar sowohl unter ethischen als auch unter biologischen Gesichtspunkten. Rein rechtlich wurde die Norm in Deutschland durch den § 2.1. des Tierschutzgesetzes festgelegt. Die zum Teil recht abstrakten Definitionen lassen jedoch viel Raum für Interpretationen.

Verboten ist es nach dem Gesetz, ein Säugetier ohne vernünftigen Grund zu töten oder ihm aus Rohheit erhebliche Schmerzen oder Leiden beziehungsweise länger anhaltende, sich wiederholende Schmerzen oder Leiden zuzufügen. Dieser Gesetzestext hört sich zwar gut an, doch die Praxis hat gezeigt, daß gerade die Kriterien Schmerzen und Leiden sehr schwer faßbar sind.

Was sind „erhebliche" Schmerzen und Leiden? Zählt dazu ein Schlag mit der Gerte? Oder der Streß der Isolationshaltung? Wo wollen Exekutive und Gerichte die (Schmerz-) Grenze ziehen?

Schmerz und Leid sind keine wissenschaftlich meßbaren Größen. Nach Auffassung des Naturwissenschaftlers Tschanz sind strenggenommen jahrelange wissenschaftliche Untersuchungen nötig, um festzustellen, ob ein Säugetier in dem einen oder anderen Fall Schmerzen empfindet und leidet oder nicht.[31] Doch welche Methode soll dabei angewandt werden? Solche Empfindungen sind nun einmal nicht mit technischen Geräten meßbar, hängen sie doch von seelischen Faktoren ab. Tschanz meint dazu: „Weder die Psychologie noch die Medizin noch die Naturwissenschaften sind (aber) in der Lage, seelische Vorgänge unabhängig und absehend vom Subjekt und vom subjektiven Meinen, also objektiv, festzustellen."

Wenn nun schon so scheinbar einfache Begriffe wie Schmerzen und Leiden objektiv nicht faßbar sind, wie soll man dann den noch viel komplexeren Ausdruck „artgerecht" definieren?

Artgerecht – das muß in erster Linie bedeuten, daß das Tier die Möglichkeit hat, seine Bedürfnisse zu decken. Die Auswirkungen einer nicht artgerechten Haltung sind immer nur langfristig zu sehen – meist erst dann, wenn „das Kind schon in den Brunnen gefallen ist". Ein junges Tier, das in der Lage ist, seine Bedürfnisse befriedigend zu decken, kann sich „normal" und somit arttypisch ent-

Artgerechte Haltung als Entwicklungshilfe

Die artgerechte Haltung soll dem Hengst die Möglichkeit geben, sich seinen Anlagen entsprechend optimal zu entwickeln. Das bedeutet in erster Linie, daß er seine Grundbedürfnisse decken kann: Ein Hengst braucht wie jedes andere Pferd Bewegung und Ruhe, soziale Kontakte mit Artgenossen, frische Luft und Tageslicht sowie eine adäquate Ernährung.

wickeln. Ein Tier, das die Möglichkeit zu dieser Bedürfnisbefriedigung nicht hat, wird dagegen mit fortschreitendem Alter bestimmte Auffälligkeiten zeigen.

Um beurteilen zu können, was unter dem Begriff „normal" zu verstehen ist, muß man zunächst einmal herausfinden, was für eine Tierart typisch ist. Man geht also hinaus und beobachtet freilebende, von den Menschen weitgehend unbeeinflußte Pferde in ihrer angestammten Umgebung. Schließlich kann man davon ausgehen, daß nur gut angepaßte und folglich „normale" Pferde in der Wildbahn überleben können. Im Rahmen dieser Beobachtung kann man arttypische Merkmale erfassen – beispielsweise Verhaltensweisen, Körpermerkmale und physiologische Vorgänge. Dazu zählt man in einer Population die Anzahl von Individuen mit gleicher Merkmalsausprägung. Als „normal" gelten Merkmale, die 95% der Einzeltiere aufweisen. So wird der Arttypus zu einer meßbaren Größe.

Ist der Typus einer Art oder einer Population bekannt, so kann man ihn zum Vergleich heranziehen. Man geht zurück zur Hauspferdepopulation und sucht dort nach genau diesen Merkmalen. Im allgemeinen kann man sagen, daß sich schließlich nur diejenigen Tiere arttypisch entwickeln werden, die artgerecht gehalten werden. Andernfalls wird man anhand der Merkmalsausprägung Abweichungen vom Typus feststellen können. Aus dieser vergleichenden Beobachtung kann man darauf schließen, wie artgerecht das eine oder andere Haltungssystem ist. Während die wissenschaftlichen Freilanduntersuchungen – wie bereits erläutert – durchaus zu fundierten Erkenntnissen geführt haben, ist es bisher kaum gelungen, dieses Wissen auf die praktische Hauspferdehaltung zu übertragen. Aus diesem Grund soll hier noch einmal kurz darauf eingegangen werden.

Die natürliche Umwelt bietet den Pferden Stoffe, Reize und Bedingungen an, zu deren Nutzung eine gewisse Eigenleistung erbracht werden muß. Nach Tschanz ist diese Eigenleistung ein wesentlicher Beitrag zur Bedarfsdeckung. Das Pferd wird aber nur dann aktiv, wenn es durch die Umweltbedingungen dazu genötigt wird. Durch die nötige Eigenleistung prägen sich arttypische Merkmale im Körperbau und im Verhalten aus. Diese Merkmale sind die meßbaren Größen für eine artgerechte Haltung.

Ein paar Beispiele sollen diese Zusammenhänge verdeutlichen: Treten in einem Stall vermehrt Husteninfektionen oder Erkrankungen der Atemwege auf, so liegt der Verdacht nahe, daß die Haltung nicht artgerecht ist. Denn bei Wildpferden kommen solche Krankheiten viel seltener vor. Findet man in einem Stall viele webende Pferde, so muß man davon ausgehen, daß die Tiere keine Möglichkeit haben, diese Abnormalitäten durch anderes Verhalten zu vermeiden – und so weiter. Auch andere Verhaltensauffälligkeiten wie zum Beispiel übersteigerte Ängstlichkeit, Aggressionen oder ein unbändiges Temperament müssen als nicht arttypisch gewertet werden und deuten auf Haltungsfehler hin.

Doch vieles, was in der freien Wildbahn für die Entwicklung eines jungen Hengstes selbstver-

Junghengste brauchen die Auseinandersetzung mit den verschiedensten Umweltreizen, um die jeweils angemessenen Verhaltensweisen entwickeln zu können.

ständlich ist, gestaltet sich in der zivilisierten Welt recht schwierig. Nehmen wir zum Beispiel das Bewegungsbedürfnis: Wie groß es tatsächlich ist, darüber gibt es in der Literatur nur sehr verschwommene Angaben. Von halbwild gehaltenen Koniks und von Mustangs ist bekannt, daß sie pro Tag bis zu 17 Kilometer unter die Hufe nehmen. Nicklas hat im Rahmen einer Studie im Zirkus Knie berechnet, daß die dort gehaltenen Pferde täglich eine Strecke von circa 3,4 bis 6,3 Kilometern zurücklegten. Da die Pferdehaltung in diesem Unternehmen als vorbildlich gilt (was auch durch die Langlebigkeit der Tiere unterstrichen wird), kann man davon ausgehen, daß diese Strecke in etwa dem Laufbedürfnis eines ausgewachsenen Pferdes unter menschlicher Obhut entspricht. Für Jungpferde liegen kaum konkrete Zahlen vor, und die Sache wird dadurch noch komplizierter, daß kaum jemand die Zeit und/oder Möglichkeit hat, ein Jungpferd täglich bis zu 6,3 Kilometer weit zu bewegen. Es müssen also andere Möglichkeiten gefunden werden.

Eine sinnvolle Lösung ist die Offenstallhaltung, bei der die Pferde frei wählen können, ob sie sich im Stall oder in einem Auslauf unter freiem Himmel aufhalten wollen. Bei der Offenstallhaltung werden ohne großen Mehraufwand gleich mehrere Grundbedürfnisse des Pferdes gedeckt – so werden neben der Bewegungsmöglichkeit zum Beispiel auch Tageslicht und frische Luft gratis mitgeliefert.

Das Steppentier Pferd legt im Laufe des Tages weite Strecken zurück, aber es tut dies in ruhigem Tempo: Es wandert. Ausgewachsene Pferde rennen nur dann, wenn sie durch irgend etwas beunruhigt werden; bei Jungpferden gehört das Laufen zum Ausdruck ihres Spieltriebs. Ansonsten bewegen sich freilebende Pferde normalerweise langsam, aber beständig. Folglich ist es für ein Pferd in jedem Fall artgerechter, sich den

Bewegung ist nicht gleich Bewegung

Viele Pferdebesitzer denken bei dem Wort Bewegungsbedürfnis daran, daß das Pferd nach 23 Stunden Stehen in der Box in zugegebenermaßen eindrucksvoller Manier durch die Halle oder den Paddock schwebt. Daß sich die Pferde bei dieser falsch verstandenen Form von Auslauf häufig verletzen, liegt ganz einfach daran, daß dieses „Dampfablassen“ nur wenig mit dem natürlichen Bewegungsbedürfnis der Pferde zu tun hat.

Ungepflegte Offenstallpferde?

Die Pflege eines im Offenstall gehaltenen Pferdes ist etwas zeitaufwendiger als die eines Boxenpferdes. Letzteres entwickelt in der Regel ja kaum Winterfell und kann sich nicht nach Herzenslust im Auslauf wälzen. Dennoch kann ein im Offenstall lebendes Pferd, nachdem man eine Bürste zur Hand genommen hat, genauso gepflegt aussehen wie ein Boxenpferd. Der Pflegezustand eines Pferdes hat nichts mit der Haltungsform zu tun, sondern lediglich mit dem Einsatz des Besitzers oder Betreuers. Neben der täglichen Fell- und Hufpflege spielen der Futterzustand und die sonstige Versorgung des Tieres (Hufschmied!) hierbei eine entscheidende Rolle.

ganzen Tag über in gemächlichem Tempo und nach Belieben zu bewegen, als kurzfristig schnell zu rennen, bis ihm die Puste ausgeht.

Das Thema Fütterung wird heiß diskutiert – doch meist sind es ganz andere Aspekte, die bei der Hengsthaltung Probleme bereiten. Da ist zum Beispiel die Frage nach dem Sozialkontakt. Es gibt kaum stichhaltige Gründe, warum Hengste nicht in Gruppen gehalten werden sollen, die der Natur nachempfunden sind.

Wählt man diese Haltungsform, so muß man allerdings einige wichtige Punkte beachten. Die Herdenhaltung mit einem Hengst ist nur bei eingespielten Gruppen sinnvoll, in denen die Rangordnung geklärt ist und die nicht ständig umgruppiert werden. Selbst in ganz kleinen Gruppen, die aus einem Hengst und zwei oder drei Stuten bestehen, bildet sich in relativ kurzer Zeit eine Sozialstruktur. Je größer die Gruppe ist, desto feiner wird das Sozialgefüge abgestimmt. Jedes Pferd muß sich seinen Platz in der Herde „erwerben". Dieser Vorgang geht nun einmal nicht ganz reibungslos über die Bühne. Ein Neuling bringt die soziale Struktur der Gruppe durcheinander. Plötzlich heißt es entweder „Alle gegen einen", also gegen den Neuling, oder sogar „Jeder gegen jeden". Wenn dann nicht genug Platz zum Ausweichen vorhanden ist, entsteht für die Tiere ein enormer sozialer Streß.

Wenn man einem Hengst – aus welchen Gründen auch immer – keinen Kontakt mit Artgenossen ermöglichen kann, dann muß der Mensch als sozialer Partner herhalten. Einzeln gehaltene Hengste brauchen besonders viel Zuwendung und feste Bezugspersonen.

Bei Offenstallpferden muß man vor allem in der kalten Jahreshälfte mehr Zeit in die Pflege investieren, um die Rösser in einen „vorzeigbaren" Zustand zu bringen.

Den Mangel an Sozialkontakt gleicht man so weit wie möglich durch intensive Beschäftigung mit dem Tier aus, die sich nicht im Putzen, Satteln und Reiten erschöpfen sollte.

Es ist manchmal nicht ganz einfach, mit den „groben Zärtlichkeiten" eines Hengstes zurechtzukommen. Wie soll man dem Pferd klarmachen, daß ein freundlichen Zwicken in die Beine uns Menschen weh tut? Natürlich muß man ein solches Verhalten durch einen tadelndes Klaps oder ein energisches „Nein!" zurückweisen. Leider dauert es oft Jahre, bis man einem Hengst derartige „Unarten" ganz abgewöhnt hat. Solange es sich aber wirklich nur um ein freundliches Zwikken handelt, braucht man das Pferd nicht allzu energisch zu bestrafen. Trotzdem: Solche Maßnahmen bleiben dem Besitzer – wie vieles andere auch – erspart, wenn er seinem Hengst das Leben in einem angemessenen sozialen Umfeld ermöglicht.

Viele Pferdehalter fürchten sich vor der Aggressivität eines Hengstes in der Gruppe. Diese Angst ist jedoch im großen und ganzen unbegründet. Die Aggressivität, die in stabilen Gruppen auftritt, ist eigentlich nur noch symbolisch (siehe ab Seite 64). Die Einordnung in die Sozialstruktur der Gruppe erspart dem Hengsthalter gerade beim jungen Pferd viel Erziehungsarbeit. Kein Mensch kann einem Junghengst auf so nachdrückliche und verständliche Art und Weise klarmachen, daß er sich in eine Rangordnung einzufügen hat. Pferde, die dies von Kindesbeinen an gelernt haben, werden in späteren Jahren auch den Menschen eher als den Ranghöheren anerkennen.

Eine sinnvolle Erweiterung der Offenstallhaltung, die dem natürlichen Verhalten der Pferde entgegenkommt, ist die räumliche Trennung der Rauh- und Kraftfutteraufnahme vom Schlafplatz der Tiere. Diese Maßnahme hat folgenden Hintergrund: Pferde koten während der langen Freßperioden besonders häufig. Während der Ruhephasen sieht man sie dagegen selten misten. Außerdem verringern sich die Individualdistanzen während der Ruhephasen stark, während die Pferde beim Fressen deutlich größere Abstände einhalten. Um also den Ruheplatz der Tiere sauberzuhalten und um dort Rangeleien zu vermeiden, sollten die Pferde ihr Futter nach Möglichkeit an einer außerhalb des Schlafraumes befindlichen Raufe gereicht bekommen. Die Raufe kann sich entweder an einer überdachten Stelle im Freien oder in einem getrennten Gebäude befinden. Dieses Verfahren hat sich gut bewährt. Es veranlaßt die Pferde ganz nebenbei zu kleinen „Wanderungen", was ebenfalls ihrem natürlichen Verhalten entspricht. Mit etwas Phanatsie und gutem Willen läßt sich fast jeder Pferdestall so umbauen, daß sich die Pferde darin wohl fühlen.
Wenn es trotz aller Bemühungen nicht möglich ist, einen Junghengst selbst artgerecht zu halten und seinen Bedürfnissen nach sozialem Kontakt, reichlicher Bewegung an der frischen Luft, Ruhe und angepaßter Fütterung nachzukommen, ist es besser, das Pferd zur Aufzucht aus dem Stall zu geben.

Streß durch beengte Verhältnisse

Bei der Gruppenhaltung ist die Platzfrage ein sehr wichtiger Aspekt. Jedes Pferd – auch schon ein Absetzer – beansprucht einen Individualraum. Die Gruppenhaltung darf einen nicht dazu verleiten, zu viele Pferde auf engem Raum zusammenzupferchen. Wenn die Tiere die Individualabstände nicht mehr einhalten können, entsteht für sie ein nicht zu unterschätzender sozialer Streß. Die möglichen Folgen sind steigende Aggressivität, Unruhe im Stall, Schreckhaftigkeit und Abmagern einzelner Tiere.
Pferde brauchen Weiträumigkeit, um ihr Ruhebedürfnis befriedigen zu können. Gruppenhaltung muß also sinnvoll geplant und gehandhabt werden, damit sie wirklich artgerecht ist.

Streß – für Hengste kein Fremdwort

Die Haltung von Zuchtpferden wird von den wenigsten Menschen als Selbstzweck betrieben. Meist spielen kommerzielle Gesichtspunkte eine wichtige Rolle. Folglich stehen die Gestütsleiter von gewinnorientierten Zuchtbetrieben häufig unter Zugzwang. Durch die Anschaffung und Haltung von Zuchttieren entstehen Kosten, die durch Einnahmen kompensiert werden müssen. Damit ein Betrieb rentabel wirtschaften kann, müssen sich Kosten und Nutzen mehr als nur die Waage halten.

Die Stuten leisten ihren Deckungsbeitrag, indem sie jedes Jahr ein Fohlen zur Welt bringen; die Hengste sollen sich durch Decktaxen amortisieren. Wenn aber ein Stutenbesitzer eine oft nicht unerhebliche Summe für die Belegung seiner Stute bezahlt, erwartet er verständlicherweise nicht nur, daß aus der Bedeckung auch tatsächlich ein Fohlen fällt. Der Nachwuchs soll auch gesund und fehlerfrei sein sowie eine Verbesserung der Zucht verkörpern.

Zweifellos spielt es für die Befriedigung dieser Ansprüche keine Rolle, ob die Stute im freien oder im Sprung an der Hand gedeckt wurde. Schließlich sind die Zeugungsbedingungen für das „Endprodukt" Fohlen unerheblich. Alles wäre ganz einfach, gäbe es da nicht die Kosten-Nutzen-Rechnung des Hengsthalters. Die Decksaison dauert von Februar bis Juni. In diesen fünf Monaten muß ein Hengst so viel an Decktaxe eingespielt haben, daß er sich mindestens für den Rest des Jahres Stall und Futter verdient, besser noch einen Gewinn erzielt hat.

Doch die Unkosten in der Hengsthaltung sind nicht gerade gering: Neben den alltäglichen Haltungskosten fallen unter anderem die jährlichen Beiträge an den Zuchtverband an. Außerdem gibt es noch die Abschreibung der Anschaffungskosten, der Unkosten, die durch Körung und Hengstleistungsprüfung entstanden sind, Werbungskosten und noch manches mehr. All diese Faktoren fließen in eine realistische Buchführung der Deckstation ein. Bringen wir das Ergebnis all dieser Erwägungen auf einen Nenner: Je mehr Stuten ein Hengst deckt, desto höher ist der zu erwartende Gewinn.

Und hier liegen die Probleme der freien Bedeckung: Mehr als drei oder vier Stuten pro Tag sind auch für einen gut trainierten, ausgewachsenen und erfahrenen Hengst nicht zu schaffen. Im Durchschnitt sind es weniger. Was aber sind im Zeitalter der künstlichen Besamung schon zwei Stuten täglich?

Meist sind es Rentabilitätsgründe, die den Hengsthalter von der freien Bedeckung in der Herde abhalten. Außerdem ist die „natürliche Methode“ bei Hauspferden nicht immer ganz unproblematisch. Führen Sie sich noch einmal die gravierenden Unterschiede zwischen dem freien Sprung in der Hauspferdezucht und dem in der Wildbahn vor Augen: Bei Wildpferden deckt der Haremshengst zumeist Mitglieder seiner Familie. Man kennt sich also genau. Es handelt sich um gewachsene Verbände mit festen Familienstrukturen, und die Pferde sind in ihrer natürlichen Umgebung aufgewachsen, wo sie ein normales Verhalten entwickeln konnten. All das ist in der Hauspferdezucht nicht mehr der Fall! Folglich kann man nicht alles, was für Wildbahnpferde gilt, vorbehaltlos auf die Hauspferdezucht übertragen.

In der Hauspferdezucht muß man sich mit verschiedenen Schwierigkeiten auseinandersetzen.

Bei der freien Bedeckung werden dem Hengst nacheinander mehrere fremde Stuten zugeführt, die er belegen soll. Sein erstes Problem besteht darin, diese „Fremdheit“ zu überwinden, damit überhaupt eine Bedeckung stattfinden kann.

Das Sexualverhalten von Hengsten umfaßt eine ganze Reihe von Verhaltensabläufen. Zunächst muß sich der Hengst von einer Stute angezogen fühlen. Stuten scheinen für Hengste an sich schon eine gewisse Attraktivität zu haben – egal, ob sie paarungsbereit sind oder nicht. Auch in Stutenherden lebende Hauspferdehengste kann man häufig dabei beobachten, wie sie quasi testen, ob die Stuten paarungsbereit sind, obwohl keine eindeutigen visuellen, olfaktorischen oder taktilen Signale vorliegen.[32]

Die Verhaltensantwort der nicht paarungsbereiten Stuten kennt man: Beim Abschlagen schlägt die Stute mit einem oder beiden Hinterbeinen aus und gibt einen charakteristischen Laut von sich. Zuweilen verspritzt die Stute beim Abschlagen Urin, der nichts mit dem schleimigen Ausfluß gemein hat, der während der Rosse ausgeschieden wird. Das Ekelgesicht des Hengstes beweist, daß er den Unterschied genau kennt. Im Anschluß an diese recht eindeutige Abfuhr bewegt sich die Stute von dem Hengst weg. Es sind zwar Fälle bekannt, in denen nicht paarungswillige Stuten vom Hengst zum Geschlechtsverkehr gezwungen wurden, doch das ist die berühmte Ausnahme von der Regel. Damit es zu einer normalen Paarung kommen kann, müssen nämlich nacheinander verschiedene Instinkthandlungen ablaufen. Jede Einzelaktion führt zu einer Situation, in der der Auslöser (Schlüsselreiz) für die nächste Handlung wirksam wird. Wenn sich diese Situation nicht einstellt, wird die Handlungskette unterbrochen, und es kommt nicht zum Deckakt.

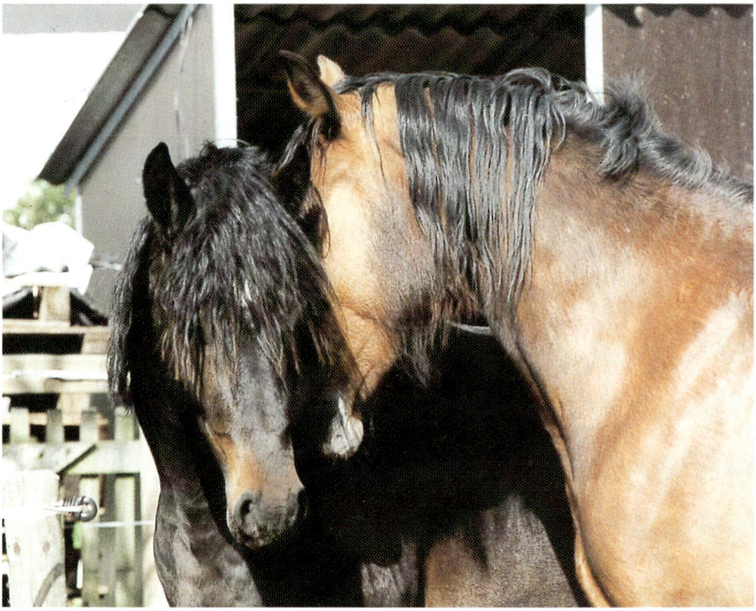

Oben: Viele Zuchtbetriebe sind nur auf den Gewinn ausgerichtet. Für Liebkosungen wie diese ist in solchen Ställen keine Zeit.

Unten: Ist die Stute paarungsbereit, so duldet sie es, vom Hengst beleckt und beschnuppert zu werden. Ihre Passivität ist für ihn das Signal zum Weitermachen.

Beim Deckakt bleibt die Stute weitgehend passiv.

Wie bereits angedeutet, sind Stuten nicht immer paarungsbereit, sondern nur während einer kurzen, befristeten Periode, der Rosse (Östrus). Der Auslöser für die Rosse ist endogenen Ursprungs – das heißt, die Stute muß ein bestimmtes hormonelles Niveau erreichen, um rossig zu werden. Im Zusammenhang damit neigen die Stuten dazu, vermehrt zu harnen. Sie heben häufig den Schweif und halten sich gerne in der Nähe des Hengstes auf. Daraufhin wird dieser auf die Stute aufmerksam. Die Signalreize für den Hengst sind zum einen olfaktorischer Natur (Rossegeruch), zum anderen haben sie visuellen Charakter (Einnehmen bestimmter Körperpositionen). Manchmal kommen noch stimmliche Signale dazu.

Derart angezogen, nähert sich der Hengst der Stute – meist im Trab oder im Galopp. Seine Augen und Ohren signalisieren Aufmerksamkeit, und der Hengst gibt charakteristische Laute von sich. Die Stute nimmt ihrerseits die Annäherung des Hengstes wahr. Der direkte Kontakt zwischen Hengst und Stute erfolgt „Nase an Nase". Das Beschnuppern wird häufig durch ein Verhalten unterbrochen, das Tschanz als „Boßschlagen" bezeichnet[33]: Der Hengst stampft mit dem Vorderfuß kurz und energisch auf den Boden und quietscht dabei laut. Das Boßschlagen wird von der Stute oft erwidert.

Bis zu diesem Moment kann man im Zusammentreffen der beiden Geschlechter noch keine eindeutig sexuelle Komponente erkennen. Doch das ändert sich nun: Der Hengst beleckt und beriecht die paarungsbereite Stute intensiv, die den Körperkontakt duldet. Nicht rossige Stuten entziehen sich dem Hengst durch Weitergehen, Abschlagen oder Flucht. Die Passivität der Stute ist demnach für den Hengst das entscheidende Signal dafür, daß sie paarungsbereit ist.

Der Körperkontakt stimuliert sowohl Hengst als auch Stute, was sich bei der Stute durch Harnen und Blinken bemerkbar macht, beim Hengst durch Ausschachten und eventuell durch die beginnende Erektion. Nun verstärkt der Hengst den Kopf-Körper-Kontakt, indem er die äußeren Genitalien der Stute intensiv beriecht und beleckt. Immer wieder kann man ihn beim Flehmen beobachten. Die Stute dreht sich zunächst vom Hengst weg. Erst im Stadium maximaler Stimulation nimmt sie eine sägebockartige Stellung ein. Dieses vermutlich genetisch fixierte Bild veranlaßt den Hengst, aufzuspringen und die Stute zu decken. Bei der Paarung selbst verhalten sich die Stuten abgesehen von ein paar Schritten vorwärts oder seitwärts weitgehend passiv.

Dieses Handlungsschema ist bei Pferden ziemlich konstant, es bildet den Kern des Sexualverhaltens. Störungen im Ablauf der Paarung beim freien Sprung sind meist im sozialen Umfeld zu suchen. Der entscheidende Schritt für den Hengst besteht darin, die Individualdistanz der Stute abzubauen. Bei „Problemstuten" muß eine höhere Hemmschwelle überwunden werden, damit die Paarung stattfinden kann. Im allgemeinen kann man drei für den Hengst kritische Situationen beobachten:

- die Paarung mit Maidenstuten,
- die Paarung mit fohlenführenden Mutterstuten und
- die Paarung mit ranghohen Altstuten.

Das vor allen Dingen bei Maidenstuten zu beobachtende Treiben des Hengstes erhöht den Zeit- und Energieaufwand für den Hengst erheblich. Der Grund für das Treiben liegt vermutlich darin, daß das Aufspringen des Hengstes bei der jungen Stute zunächst grundsätzlich Angst auslöst. Folglich flüchtet die Stute vor dem Hengst, auch wenn sie rossig ist. Die Jagd des Hengstes kann bis zu einer halben Stunde dauern – so lange, bis die Erschöpfung der jungen Stute dem Hengst den Aufsprung ermöglicht.

Bei Stuten in der Fohlenrosse ist der Mutterinstinkt zu Beginn der Kontaktaufnahme mit dem Hengst stärker als die Paarungsbereitschaft, so daß der Hengst manchmal heftig abgewehrt wird. Es kommt hin und wieder vor, daß eine rossige Stute nicht gedeckt wird, weil sie die Handlungskette bei der Paarung durch ihre Drohgebärden unterbricht.

Bei ranghohen Altstuten kann sich die Unterschreitung der individuellen Toleranzdistanz durch den Hengst schwierig gestalten. Junge, unerfahrene Hengste sind dann schnell entmutigt und wenden sich von der Stute ab.

Trotz aller Hindernisse kommt es nur selten vor, daß solche Stuten überhaupt nicht gedeckt werden. Denn bereits kurze Zeit, nachdem der Kontakt abgebrochen wurde, präsentiert sich die Stute in der

Freier Sprung und Befruchtungsrate

Es ist ein Gerücht, daß der freie Sprung zu einer niedrigeren Befruchtungsrate führt. Dies ist nur dann der Fall, wenn dem Hengst zu viele rossige Stuten gleichzeitig zugeführt werden. Der freie Sprung ist eben mit einem höheren Energie- und Zeitaufwand verbunden – und das ist der Grund dafür, daß er in deckintensiven Betrieben nicht durchgeführt wird.

Beim Sprung an der Hand bestimmen die Menschen den Ablauf der Paarung.

Regel erneut, und die Verhaltenssequenz beginnt von vorne.

Beim Sprung an der Hand wird der Ablauf der Paarung in erster Linie vom Menschen bestimmt. Ein grundsätzlicher Unterschied zum natürlichen Paarungsverhalten besteht darin, daß der Hengst erlernte Signale wie zum Beispiel das Auftrensen, das Heranführen an den Deckstand und so weiter als primäre sexuelle Reize empfindet. Die Stute kann den Hengst hören, wenn er herangeführt wird, und sie reagiert auf ihn mit ähnlichen Signalen wie beim freien Sprung. Um den Hengst vor eventuellen Abwehrreaktionen der Stute zu schützen, nehmen die Pferde häufig nur über eine Wand oder über die Begrenzung des Deckstands Körperkontakt auf.

Für mehr Sozialverhalten ist bei der Paarung auf einer Deckstation kein Raum. Die Stimulation in Form verschiedener Verhaltensweisen wird auf das Notwendigste reduziert. Die Motivation beider Partner ist fast ausschließlich auf eine Dressur zurückzuführen. Der Mensch motiviert den Deckhengst durch immer wiederkehrende Handlungen. Die Stute wird mechanisch zur Passivität verurteilt.

Der Energieaufwand des Hengstes wird – ebenso wie der Zeitaufwand des Menschen – möglichst gering gehalten. Und tatsächlich: Es klappt zumeist auch ohne das aufwendige Vorspiel. Bleibt nur die Frage, ob diese Form von Vermehrung noch artgerecht ist. Schieke beobachtete, daß der sofortige Aufsprung des Hengstes sehr häufig zu Abwehrreaktionen der Stute führte.[34] In solchen Fällen wird die Stute meist vom Menschen durch Fesseln daran gehindert, den Hengst abzuschlagen. Noch mehr Technik also für noch weniger natürliches Paarungsverhalten.

Es soll nicht bestritten werden, daß Hauspferde sich in vielerlei Hinsicht an die künstlichen Verhältnisse angepaßt haben – was ist Domestikation schließlich anderes als eine Anpassung des Tieres an das Leben mit dem Menschen? So ist es möglich, das Fortpflanzungsverhalten der Pferde auf das Notwendigste zu verringern: auf die Befruchtung der Stute durch den Hengst. Bei der künstlichen Befruchtung verzichtet man selbst darauf. Doch diese Anpassungsleistung der Pferde führt zu einer Vernachlässigung angeborener Verhaltensweisen und möglicherweise auch zu einer Veränderung im Erbmaterial.

Nach Schieke kann in einem Pferdezuchtbetrieb nur dann Produktivität oder Leistung erwartet werden, wenn ein sinnvoller Einklang des vom Menschen gebotenen Um-

Außer Kontrolle: Der unnatürliche Paarungsablauf führt immer wieder dazu, daß die Hengste „ausrasten“.

feldes mit den natürlichen, artspezifischen Lebensbedürfnissen des Pferdes erkennbar ist.[35]

Nicht immer läuft in den modernen Zuchtbetrieben alles so ganz nach Wunsch. Nicht jeder Hengst und jede Stute läßt sich in das kommerzielle Schema packen. Hengste zeigen abnormales Deckverhalten, decken lustlos oder sind kaum mehr regulierbar. Bei manchen führt der weitgehend unnatürliche Paarungsablauf auch zu geringen Befruchtungsraten.

Bei weiblichen Tieren gibt es Fälle von nicht organisch begründeter Sterilität: Die Stuten werden nicht tragend oder resorbieren den Embryo. Ein typisches Beispiel ist das Gudbrandsdal-Pferd in Norwegen. Die Sterilität bei Stuten dieser Rasse häufte sich derartig, daß man – nachdem man jahrelang nur noch den Sprung an der Hand praktiziert hatte – wieder zur freien Bedeckung überging. Ein Hengst bekam eine Anzahl Stuten zugeteilt, man überließ die Tiere sich selbst, und die Rate der Sterilitätsfälle sank in kürzester Zeit auf ein Minimum. Auch bei Hauspferdestuten sind viele Fälle bekannt, in denen sich das Problem der Unfruchtbarkeit bei der freien Bedeckung ganz von selbst löste. Diese Stuten waren dem Streß auf der Deckstation einfach nicht gewachsen.

Auch die Fesselung von Stuten, die dem Schutz des Hengstes dienen soll, ist eine recht fragwürdige Praxis. Da das Paarungsverhalten von Stuten in der Rosse sowieso in erster Linie durch Passivität gekennzeichnet ist, dürfte der zusätzliche Streßfaktor des Fesselns vermeidbar sein. Eine wirklich paarungsbereite Stute wird stehen. Tut sie es nicht, so ist sie eben *nicht* paarungsbereit und sollte folglich auch nicht gedeckt werden.

Deckhengste mit einem normalen Paarungsverhalten sind von sich aus vorsichtig und bauen durch Körperkontakt (Beschnuppern und Belecken) die Hemmschwelle der Stute ab. Dieses Verfahren stellt für Hengst und Stute einen weit besseren, weil natürlicheren Schutz dar als die Fesselung. Da nur Stuten gedeckt werden, die tatsächlich in der Rosse sind und da die Angstreaktionen der Stuten durch den Körperkontakt abgebaut werden, erzielt man auf diesem Weg auch höhere Befruchtungsraten.

Stuten sind Lebewesen mit einem ausgeprägten Innenleben und keine Gebärmaschinen. Manchmal lohnt es sich zu warten, statt die Bedeckung zu erzwingen. Die Sexualität von Wirbeltieren ist eben ein höchst komplexes Gebilde, das durch endogene Prozesse sowie ererbte und erlernte Verhaltensschemata gesteuert wird. Sie läßt sich nur bis zu einem gewissen Grad rationalisieren.

Auf einen Blick: Der Hengst unter dem Sattel

- Hengste sind stark instinktgebunden. Die soziale Rangordnung spielt für ihr Verhalten eine zentrale Rolle.
- Das Ziel des Hengsthalters muß darin liegen, vom Hengst als ranghöherer sozialer Partner akzeptiert zu werden.
- Ein Hengsthalter muß in der Lage sein, Imponier-, Droh- und Kampfverhalten zu unterscheiden, schon ansatzweise zu erkennen und angemessen darauf zu reagieren.
- Vertrauen ist die Grundvoraussetzung für Gehorsam – und der wiederum ist für einen gefahrlosen Umgang mit dem Hengst zwingend notwendig.
- Pferde benötigen eine Umwelt, die ihnen bestimmte Stoffe, Reize und Bedingungen anbietet. Zur Nutzung dieser Faktoren müssen die Tiere eine gewisse Eigenleistung erbringen.
- Damit sich ein Hengst seinen Anlagen entsprechend optimal entwickeln kann, muß er artgerecht gehalten werden.
- Artgerechte Hengsthaltung bedeutet, daß die Grundbedürfnisse des Tieres gedeckt werden: Es braucht Bewegung und Ruhe, sozialen Umgang mit Artgenossen, frische Luft und Tageslicht sowie eine adäquate Ernährung.
- Bei der sinnvoll durchgeführten Offenstallhaltung in Gruppen wird ohne großen Mehraufwand gleich eine ganze Reihe von Grundbedürfnissen gedeckt.
- Das Paarungsverhalten bei Pferden ist in erster Linie durch die Passivität der Stute geprägt. Ihr passives Verhalten ist für den Hengst das primäre Signal dafür, daß sie paarungsbereit ist.
- Störungen beim Paarungsverhalten im freien Sprung sind im sozialen Umfeld zu suchen.
- Beim Sprung an der Hand empfindet der Hengst erlernte Signale wie zum Beispiel das Auftrensen oder das Heranführen an den Deckstand als primäre sexuelle Reize.
- Das Fortpflanzungsverhalten der Pferde wird beim Sprung an der Hand auf das Notwendigste reduziert – nämlich auf die Befruchtung der Stute durch den Hengst.

Glückliche Hengste?

Faszination Hengst: Der Traum von der tänzerischen Harmonie kann Wirklichkeit werden – doch man muß einiges dafür tun ...

Von Hengsten geht eine unerklärliche Faszination aus, eine Faszination, die uns auch nach 5.000 Jahren Domestikation unverändert in ihren Bann zieht. Man kann diesen Zauber nicht mit rationalen Maßstäben messen. Das Auto transportiert uns weit schneller und bequemer von einem Ort zum anderen, als es Pferde je getan haben. Und das moderne Freizeitangebot bietet uns viele weniger zeit-, arbeits- und kostenintensive Möglichkeiten, uns zu amüsieren. Warum erliegen wir Menschen trotzdem immer wieder dem Charme der Hengste?
Vielleicht liegt es daran, daß die Technik dem modernen Menschen über den praktischen Nutzen hinaus nicht viel geben kann. Ein Auto oder ein Flugzeug transportiert uns, ein Pferd trägt uns. Oder hegen wir möglicherweise den Wunsch, daß uns der scheinbar so freie und anmutige Hengst ein Stück von dem zurückgibt, was wir im High-Tech-Zeitalter längst verloren haben?
Der Wunsch, Kraft und Stärke eines Hengstes in tänzerische Leichtigkeit zu verwandeln, ist keine Entdeckung moderner Romanschriftsteller. Bereits im 18. und 19. Jahrhundert betrieben Adelige, die es sich leisten konnten, das Reiten als „l'art pour l'art". Sie erkannten, daß Hengste sich aufgrund ihres natürlichen Verhaltens besonders für ausdrucksvolle Dressurlektionen eignen. Man ging sogar noch weiter und begann, eigens für diese Art des Reitens geeignete Hengste zu züchten. Es entstanden die Andalusier, Lusitanos und Lipizzaner.
Die iberische Reiterei, die klassische Dressur sowie die feine kalifornische Westerndressur, die alle ihre Wurzeln in dieser Reitkunst haben, erleben zur Zeit eine ungeahnte Renaissance – und mit ihnen die Hengste. Doch nicht nur die reiterlichen Vorlieben haben sich geändert. Die Einstellung des zivilisierten Menschen dem Pferd gegenüber beginnt eine andere zu werden. In einem Zeitalter, in dem sich jeder Pferdehalter und -ausbilder mit dem Tierschutzgedanken beschäftigen muß, wird dem potentiellen Käufer bewußt, daß er mit der Anschaffung des Pferdes auch Pflichten erwirbt. Vom Augenblick der Übernahme an muß er dafür Sorge tragen, daß die Grundbedürfnisse des Pferdes gedeckt werden. Ein Pferd ist kein Tennisschläger, den man in die Ecke stellen kann, wenn man die Stunde beendet hat, oder den man auf dem Dachboden verstauben läßt, wenn man keine Lust oder Zeit mehr hat.

Die Rücksicht, die andere vom Hengsthalter erwarten, wird in der Regel weder im heimischen Stall noch auf dem Turnierplatz erwidert. Unbedachtheiten von ande-

Theorie und Praxis ...

40 Jahre Verhaltensforschung zum Thema Pferd sorgten zwar dafür, daß wir heute wissen, was Pferde brauchen, um sich wohl zu fühlen. Aber die Verbesserung in der Praxis läßt vielerorts weiter auf sich warten. Betriebe, in denen Junghengste artgerecht aufwachsen können, sind dünn gesät, Einstellmöglichkeiten für Deck- oder Reithengste äußerst rar. Aus Verlegenheit greift der Hengstbesitzer dann nach dem, was er angeboten bekommt – und aus Angst, den einmal ergatterten Einstellplatz zu verlieren, akzeptiert er Haltungsmängel. Folglich werden Hengste nur allzuoft zum einsamen Gefängnisdasein verurteilt, abgeschottet vom Kontakt mit Artgenossen und der Umwelt.

ren Reitern und Pferdebesitzern können den Hengsthalter jedoch unter Umständen in recht kritische Situationen bringen. Daher muß ein Hengst im Grunde immer besser erzogen, rittiger und kontrollierbarer sein als andere Pferde. Diese Bedingungen sind nicht leicht zu erfüllen, aber sie sind Grundvoraussetzung dafür, daß man als Hengsthalter sich selbst, seine Mitmenschen und andere Pferde nicht gefährdet.

Außerdem ist die Aufzucht und Haltung von Hengsten zweifellos mit größeren Schwierigkeiten und Risiken verbunden. Eine artgerechte Aufzucht ist aber die Voraussetzung für die normale Entwicklung der Pferde. Wer keine Möglichkeit hat, einen Hengst artgerecht unterzubringen und ihm reichlich Zeit und Zuwendung zu widmen (oder widmen zu lassen), der sollte den Gedanken an einen eigenen Hengst verwerfen. Das gleiche gilt für unerfahrene Menschen, denen die Sachkenntnis fehlt, das Verhalten eines Hengstes zu verstehen und darauf einzugehen. Tiere, die randalieren, nervös und unzufrieden sind oder auf Turnierplätzen aufs höchste erregt herumlaufen, müssen kastriert werden. Sie eignen sich weder als Vatertiere, noch sind sie glücklich. Man tut sich selbst, seiner Umgebung und dem Hengst einen Gefallen, wenn man das Pferd von seinem Hormonstreß erlöst.

Wer einem Hengst allerdings all das bieten kann, was er zur Deckung seiner Grundbedürfnisse braucht, dem möchte ich mit diesem Buch Mut machen. In vielen Fragen steht man als Privathengsthalter alleine da, weil es nur wenig Literatur zum Thema gibt und eingesessene Hengsthalter nicht immer bereit sind, ihre Erfahrungen weiterzugeben. Die Ratschläge, die man bekommt, sind oft so unterschiedlich oder sogar gegensätzlich, daß man nicht viel damit anfangen kann. So wird man zahlreiche Entscheidungen treffen müssen, ohne sich auf die Erfahrung anderer stützen zu können.

Mit Fehlschlägen muß man leben und sie letztendlich vor sich selbst verantworten, ebenso wie die zahlreichen Rückschläge. Um so größer ist jedoch die Freude, wenn man die Schwierigkeiten schließlich doch gemeistert hat. Mit einem Hengst zu leben, kommt einer täglichen Herausforderung gleich. Eingeschliffene Trägheit kann man sich langfristig nicht leisten. So wie man selbst einen kleinen Lümmel zu einem großen Hengst erzieht, wird man umgekehrt von dem Pferd erzogen. Die alte Reiterweisheit, daß „ein Pferd die Seele seines Besitzers widerspiegelt“, gilt für die Hengsthaltung in besonderem Maße.

Auch der Pferdezüchter, ob Hengst- oder Stutenbesitzer, sollte sich der Verantwortung bewußt sein, die er trägt. Mit jedem Deckakt, mit jeder Fohlengeburt ist er an der Entstehung eines Lebewesens beteiligt, das Ansprüche an seine Umwelt stellt. Die Ställe sind voll von armen Tieren, die durch bloße Vermehrung anstelle von gezielter Zucht entstanden sind – und niemand weiß, wohin mit diesen Pferden. Welchen Sinn hat es, noch weitere solche Tiere in die Welt zu setzen?

Nicht jede Stute ist für die Zucht geeignet, nicht jeder Hengst sollte decken. Züchter und Verbände sind gefordert, eine sorgfältige Auswahl zu treffen, auch wenn dadurch möglicherweise ein finanzieller Nachteil in Kauf genommen werden muß. Und man muß als Züchter nicht jeder Modeerscheinung folgen: Wer einen Paint haben möchte, der sollte sich einen kaufen – und nicht seine Hauptstammbuch-Warmblutstute von einem Scheckhengst decken lassen, nur um eventuell ein farbiges Fohlen zu bekommen. Wer einen Friesen züchten möchte, der sollte es mit Friesen tun und nicht mit Ponystuten – in der Hoffnung, das Ponyblut in der sechsten Generation so verdünnt zu haben, daß das Zuchtprodukt schließlich wie ein echter Friese aussieht.

Der kommerzielle Gedanke sollte in der Pferdezucht generell stärker im Hintergrund stehen. Neben der ethischen Frage, ob es überhaupt legitim ist, mit einem Lebewesen Profit machen zu wollen, gibt es inzwischen glaubwürdige Untersuchungen, die besagen, daß man mit Pferdezucht und -handel ohnehin nur in Ausnahmefällen Geld verdienen kann.

Der Hobbyzüchter, der nur ein oder zwei Zuchtstuten oder nur einen Deckhengst hält, wird froh sein müssen, wenn sein Portemonnaie durch die Pferdehaltung nicht übermäßig strapaziert wird. Höchstgebote auf Auktionen werden nur für Spitzenpferde erzielt, von denen in jedem Zuchtjahrgang nur einige wenige vorkommen. Die üblichen Preise auf dem freien Markt entsprechen in keiner Weise den Summen, mit denen auf diesen Eliteauktionen jongliert wird. Wenn man von solchen gewinnträchtigen Ausnahmepferden absieht, stehen im Züchterstall in der Regel vor allem Durchschnittspferde, und die werden auch zu Durchschnittspreisen gehandelt. Mit ihnen lassen sich keine großen Gewinne erzielen.

Wenn es aber sowieso nur in Ausnahmefällen gelingt, mit der Pferdezucht Geld zu verdienen, dann muß man auch alle diesbezüglichen Argumente in einem anderen Licht sehen. Angeblich sind es ja meist Rentabilitätsgründe, die gegen die artgerechte Hengsthaltung und gegen den freien Sprung in der Herde sprechen. Wenn aber durch die Pferdezucht ohnehin kein Geld in die Kasse kommt – weshalb sollte man dann die Aufzucht von Junghengsten nicht extensivieren? Warum das Köralter nicht hochschrauben? Wieso nicht noch einmal über die Sache mit der Hengstleistungsprüfung nachdenken?

Das Thema Hengsthaltung wird oft künstlich hochstilisiert. Da werden Vorurteile geschürt und Gerüchte verbreitet – teils bewußt, teils unbewußt.

Zugegeben: Die Haltung eines Hengstes ist tatsächlich nicht immer ganz einfach. Das Ziel der Erziehung sollte ein gefahrloser Umgang sein, und um dieses Ziel zu erreichen, muß der Hengsthalter von seinem Pferd als höhergestellter sozialer Partner anerkannt werden. Der Weg dorthin führt nicht nur über Streicheleinheiten – eine gewisse Härte gehört nun einmal zum normalen Sozialverhalten von Hengsten.

Ein Junghengst, der überraschend einem Althengst gegenübersteht, wird eine Konfrontation suchen, um die Rangordnung zu klären. Solche Streitigkeiten werden nicht zimperlich ausgetragen. Folglich muß man seinen Hengst auch als Mensch nicht mit Samthandschuhen anfassen. Doch aus Härte darf niemals Gewalt werden! Strafen dienen nur dazu, Rangordnungsverhältnisse zu klären oder gefährliches Fehlverhalten zu korrigieren. Dagegen ist der Versuch, durch Bestrafung ein Ausbildungsziel zu erreichen, weder artgerecht noch effektiv und obendrein tierschutzwidrig. Es gibt kein Pferd, das seinen Reiter aus Mutwilligkeit ärgert, oder weil es keine Lust hat. Pferde machen Fehler, weil sie die Hilfengebung nicht verstanden haben, abgelenkt werden oder körperlich beziehungsweise geistig

Beziehungsarbeit

Wer sich dem Reitsport verschrieben hat, braucht viel Zeit, Geduld und Selbstdisziplin. Im Gegensatz zu anderen Sportarten müssen hier schließlich zwei Individuen lernen, miteinander klarzukommen, die weder die gleiche Sprache sprechen noch besondere geistige und körperliche Übereinstimmungen haben. Das Ziel jeder Ausbildung liegt darin, das Lebewesen Pferd mit dem Lebewesen Mensch in Einklang zu bringen. Die Harmonie, die mit jedem Schritt in diese Richtung wächst, ist der Lohn für die harte Arbeit. Sie kann mit keiner goldenen Schleife und keinem Preisgeld aufgewogen werden.

nicht in der Lage sind, die geforderte Lektion auszuführen.

Erfolg und Leistung sind zwei Begriffe, die unsere moderne Welt prägen und die auch im Bereich des Pferdesports und der Pferdezucht große Bedeutung haben. Man mißt die Qualitäten eines Deckhengstes am Leistungsindex und seinen Wert an der Gewinnsumme seiner Nachkommen. Unser reitsportlicher Erfolg wird anhand der Anzahl von goldenen Schleifen und Pokalen ermittelt, die in unseren Schaukästen verstauben. Allzuoft wird das Pferd als Mittel zum Zweck degradiert. Wir nutzen es zur Befriedigung unseres sportlichen Ehrgeizes, statt sein Wesen als solches in den Mittelpunkt unseres Engagements zu stellen.
Können Erfolg und Leistung der einzige Antrieb sein, sich mit Pferden zu beschäftigen? Nur etwas mehr als 10% der reitbegeisterten Menschen betreiben den Reitsport hierzulande als Wettkampf – wobei der (noch) geringe Prozentsatz von Turnierreitern in der Western- und Gangpferdeszene nicht berücksichtigt wurde.
Ihnen stehen viele hunderttausend Menschen gegenüber, die den Umgang mit Pferden als sinnvolle Freizeitbeschäftigung sehen. Sie wollen ein Pferd, mit dem sie Freude haben können, und nicht eines, mit dem sie sich plagen oder das sie dreimal pro Woche beim Profi in Beritt geben müssen, weil sie sonst nicht damit klarkommen. Sie suchen durch den harmonischen, ruhigen Umgang mit dem Partner Pferd Entspannung und Erholung nach einem streßreichen Arbeitstag. Für sie zählt nicht das Prinzip „höher, schneller, weiter“.
Brauchen diese Menschen ein nach dem Leistungsprinzip selektiertes Zuchtprodukt? Suchen sie

nicht vielmehr einen Kameraden, der eine enge Beziehung zum Menschen aufbauen kann und der sich mit der Natur und dem Menschen im Einklang befindet, weil er artgerecht aufgezogen, ausgebildet und gehalten wird?
Unter diesen Voraussetzungen kann der Umgang und das Reiten mit einem Hengst tatsächlich ein harmonischer Tanz sein, der viel mehr Befriedigung bringt als jeder kurzfristige sportliche Erfolg.
Wenn sich in einer Gruppe von Pferden feste Strukturen gebildet haben, sollten die Tierhalter diese respektieren und so lange wie möglich konstant halten. Damit sind nur minimale Einschränkungen in der Nutzung verbunden – etwa, weil es schwierig sein kann, ein Pferd aus der Gruppe herauszuholen. Ein geschickter Pferdehalter wird andererseits auch seine eigenen Vorteile sehen. Da die Pferde beispielsweise nicht mehr einzeln auf die Weide gebracht werden müssen, vermindert sich der tägliche Arbeitsaufwand für den Tierhalter.
Wie bereits erwähnt, sind Jungpferde, besonders Hengste, nach dem Absetzen in einer Gruppe Gleichaltriger am besten aufgehoben. Solche Junghengstgruppen, die aus Tieren bis zum Alter von maximal vier Jahren zusammengesetzt sind, werfen kaum Probleme in der Haltung auf. Junggesellenclubs sind auch bei wilden Pferden regelmäßig am Rande von Herden anzutreffen. Sie stellen einen lockeren sozialen Verband dar, in dem die jungen Hengste bleiben, bis sie physisch und psychisch dazu in der Lage sind, einen eigenen Harem zu gründen.
Diese Familiengründung ist für einen Wildbahnhengst keine einfache Sache. Der Zoologe Klingel hat sehr prägnant formuliert, wie dieser Vorgang bei Zebras abläuft, und aufgrund nachfolgender Forschungen an Pferden kann man seine Erkenntnisse auch für Wildbahnpferde übernehmen.[36] Jungstuten erleben im Alter von eineinhalb Jahren, wenn sie die Geschlechtsreife erreicht haben, eine besonders intensive und lang andauernde Rosse. Sie zeigen dies durch ihre Körperhaltung und durch das Absetzen von Geruchsmarken deutlich an. Dadurch werden heiratswillige Junggesellen oder Hengste mit einem sehr kleinen Harem angelockt. Die Bewerber versuchen nun, die Jungstute in ihren eigenen Harem zu überführen. Das geht in der Regel nicht ganz reibungslos über die Bühne. Zum einen verteidigt der Haremshengst seine Tochter, zum anderen wechselt die Stute nicht freiwillig das Lager. Trotzdem kommt es fast immer zur Trennung. Die Stute schließt sich nach längerem Hin und Her einem fremden Hengst an. Dadurch wird eine starke Inzuchtpaarung umgangen.

Ein junger Wildbahnhengst muß sich also gegen einen Althengst sowie eine ganze Anzahl von Mitbewerbern durchsetzen, bevor er eine eigene Familie gründen kann. Es erscheint ganz logisch, daß er eine gewisse Reife erlangt haben muß, um diesem Streß gewachsen zu sein. Unter natürlichen Bedingungen sind Hengste im Freiland vor dem Erreichen des sechsten Lebensjahres nicht fähig, einen Harem zu gründen und ihn konstant zu behalten.[37] Es werden auch nicht alle Hengste Haremsbesitzer. Am Rand jeder Pferdeherde findet man neben den obligatorischen Junghengstgruppen einzelgängerische Althengste.

Wachsamkeit, Kampfbereitschaft und Dominanz gegenüber anderen Hengsten sind die ausschlaggebenden Kriterien dafür, ob ein Hengst in der Lage ist, Haremshengst zu werden und zu bleiben.

Der Verbleib in der „Warteschleife“ eines Junggesellenclubs ermöglicht es den Junghengsten, im Schutz der Herde über mehrere Jahre hinweg in ihre zukünftige Rolle hineinzuwachsen. Einen Hinweis darauf, wann der individuelle Reifeprozeß abgeschlossen ist, gibt das hengsttypische Treibeverhalten. Das Treiben einer Stute mit tief gehaltenem Kopf und angelegten Ohren wird von den Junghengsten nicht erlernt. Es ist eine angeborene Verhaltensweise, die mit der Individualentwicklung reift und sich vervollkommnet. Manchmal sieht es so aus, als würden Junghengste das Treiben bereits spielerisch vollziehen und es auf diese Art erlernen – doch hier trügt der Schein. Angeborene Verhaltensweisen reifen nach einem festen Schema. Zunächst kann man ein solches Instinktverhalten zwar beobachten, doch es richtet sich noch nicht gezielt auf ein Objekt, und das Tier sucht auch nicht nach dem eigentlichen Auslöser.

Ähnlich verhält es sich mit dem „Herding“, dem Zusammentreiben der Stuten. Ausgeprägtes Treiben und Herding kann man auch bei Hauspferdehengsten erst ab dem vierten Lebensjahr beobachten. Domestizierte Hengste machen also genau wie ihre wilden Artgenossen einem allmählichen Reifeprozeß durch.

Vom ethologischen Standpunkt aus betrachtet, erscheint der Einsatz von gerade erst dreijährigen Hengsten in der Hauspferdezucht recht problematisch. Die Vermutung liegt nahe, daß gewisse „Marotten“ im Deckverhalten von Zuchthengsten auf eine psychische Überforderung im Jugendalter zurückzuführen sein könnten.

Wer in seinem Hengst einen Partner sucht und ihm dabei seinen eigenständigen Charakter lassen will, der wird nicht darum herumkommen, sich mit dem Pferd und seinem Verhalten intensiv zu beschäftigen. Hengsthaltung in einer experimentellen Form, frei nach

Die meisten Pferdebesitzer suchen beim Zusammensein mit ihrem vierbeinigen Partner Ruhe, Harmonie und Entspannung. Leistung im Sinne des herkömmlichen Turniersports interessiert den Großteil der Reiter nicht.

dem Prinzip „Versuch und Irrtum", ist eine recht gefährliche Angelegenheit. Wer sich zur Haltung eines Reit- oder Zuchthengstes entschließt, muß wissen, daß die Haltung eines Hengstes schwieriger ist als die eines Wallachs oder einer Stute.

Man muß sich dessen bewußt sein, daß das männliche Pferd ein stark instinktgebundenes Lebewesen ist. Alles, was ein Hengst tut oder läßt, hat seine Wurzeln in der naturgemäßen Bestimmung zum Haremshengst.

Das Ziel der Erziehung und Ausbildung eines Hengstes sollte es sein, dem Pferd die Chance zu geben, seine angeborenen Verhaltensweisen möglichst optimal zu entfalten. Dazu ist der Hengst nur dann in der Lage, wenn er alle seine Lebensbedürfnisse befriedigen kann und sich im Einklang mit der Umwelt und folglich auch mit dem Menschen befindet. Gelingt es uns, dem Hengst all das zu geben, ohne ihm seine Persönlichkeit zu rauben, so kann das Leben mit ihm tatsächlich zu einem faszinierenden Erlebnis werden – und seine Dressur zu einem Tanz.

Danksagung

Mein Dank gilt all den zwei- und vierbeinigen Freunden, die wissentlich oder unwissentlich zu diesem Buch beigetragen haben. Allen voran möchte ich Frau Dr. L. Kolter danken, die mich mit reichlich wissenschaftlicher Literatur versorgte und stets ein offenes Ohr für Fragen hatte. Herr Dr. L. Ahlswede vom Institut für Tierzucht und Tierhygiene gab mir zahlreiche Hinweise zu den Themen Fütterung und Hygiene. Freundliche Unterstützung fand ich außerdem beim Westfälischen Pferdestammbuch, vor allem bei Herrn Dr. F. Maharens und seiner Crew, die sich auch nach einem anstrengenden Stuten- und Fohlenschautag noch die Zeit für ein Gespräch nahmen. Und nicht zuletzt möchte ich meiner Familie, insbesondere meinem Mann, dafür danken, daß sie mir den Freiraum ließ, dieses Buch zu schreiben.

Alexandra Schedel-Stupperich

Adressen

Die Anschriften der regional zuständigen Zuchtverbände sowie der Rassezuchtverbände können Sie bei den Dachorganisationen erfragen:

Deutschland:

Deutsche Reiterliche
Vereinigung (FN)
Abteilung Zucht
Freiherr-von-Langen-Str. 13
D-48231 Warendorf

Österreich:

Verband Österreichischer
Pferdezüchter
Auf der Gugel 3
A-4020 Linz

Schweiz:

Verband Schweizerischer
Pferdezuchtorganisationen (VSP)
Kramgasse 58
CH-3000 Bern 8

Literaturverzeichnis

1 Finkler-Schade (1995), *Landwirtschaftliches Wochenblatt Ostwestfalen/Lippe*, 48, Seiten 42-43

2 Wells, S.M. and Goldschmidt-Rothschild, B. von (1979), *Social Behaviour and Relationships in a Herd of Camargue Horses*, Z. Tierpsychologie, 49, Seiten 363-380

3 Wells, S.M. and Goldschmidt-Rothschild, B. von (1979), *Social Behaviour and Relationships in a Herd of Camargue Horses*, Z. Tierpsychologie, 49, Seiten 363-380

4 Kapitzke, G. (1993), *Das Pferd von A bis Z*, BLV Verlag

5 Hoffmann, R. (1985), *On the Development of Social Behaviour in Immature Males of a Feral Horse Population*, Z. Säugetierkunde, 50, Seiten 302-314

6 Schoen, A.M.S./Banks, E.M./Curtis, S.E. (1976), *Behaviour of Young Shetland and Welsh Ponies*, Biol. Behav., 1, Seiten 192-216

7 Crowell-Davis, S.L./Houpt, K.A./Kane, L. (1987), *Play Development in Welsh Pony Foals*, Appl. Anim. Behav. Sci., 18, Seiten 119-131

8 Schäfer, M. (1989), *Die Sprache des Pferdes*, Franckh Kosmos Verlag

9 Beach, F.A. (1968), *Coital Behaviour in Dogs III. Effects of Early Isolation on Mating in Males*, Behaviour, 30, Seiten 217-238

10 Crowell-Davis, S.L./Houpt, K.A./Carini, C.M. (1986), *Mutual Grooming and Nearest Neighbour Relationship among Foals of Equus caballus*, Appl. Anim. Behav. Sci., 15, Seiten 113-123

11 Hoffmann, R. (1985), *On the Development of Social Behaviour in Immature Males of a Feral Horse Population*, Z.

Säugetierkunde, 50, Seiten 302-314

[12] Feist, J.D. and McCullough, D.R. (1976), *Behaviour Patters and Communication in Feral Horses*, Z. Tierpsychologie, 41, Seiten 337-371

[13] Hoffmann, R. (1985), *On the Development of Social Behaviour in Immature Males of a Feral Horse Population*, Z. Säugetierkunde, 50, Seiten 302-314

[14] Feist, J.D. (1971), *Behaviour of Feral Horses in the Pryor Mountain Wild Horse Range*, Master Thesis, University of Michigan

[15] Schäfer, M. (1989), *Die Sprache des Pferdes*, Franckh Kosmos Verlag

[16] Grzimek, B. (1977), *Und immer wieder Pferde*

[17] Remane, A./Storch, V./Welsch, U. (1981), *Kurzes Lehrbuch der Zoologie*, Gustav Fischer Verlag

[18] Ebhard, H. (1954), *Verhaltensweisen von Islandpferden in einem norddeutschen Freigelände*, Säugetierkunde, 4

[19] Zeeb, K. (1961), *Der freie Herdensprung bei Pferden*, Wiener Tierärztl. Monatsschrift, 48, Seiten 90-102

[20] Wells, S.M. and Goldschmidt-Rothschild, B. von (1979), *Social Behaviour and Relationships in a Herd of Camargue Horses*, Z. Tierpsychologie, 49, Seiten 363-380

[21] Houpt, K.A. and Keiper, R. (1982), *The Position of the Stallion in Equine Dominance Hierarchy of Feral and Domestic Ponies*, Journal of Animal Science, 54, Seiten 945-950

[22] Kolter, L. and Zimmermann, W. (1988), *Social Behaviour of Przewalski Horses in the Cologne Zoo and its Consequences for Management and Housing*, Applied Animal Behaviour Science, 21, Seiten 117-145

[23] Houpt, K.A. and Keiper, R. (1982), *The Position of the Stallion in the Equine Dominance Hierarchy of Feral and Domestic Ponies*, Journal of Animal Science, 54, Seiten 945-950

[24] Kolter, L. and Zimmermann W., (1988), *Social Behaviour of Przewalski Horses in the Cologne Zoo and its Consequences for Management and Housing*, Applied Animal Behaviour Science, 21, Seiten 117-145

[25] Hoffmann, R. (1985), *On the*

Development of Social Behaviour in Immature Males of a Feral Horse Population, Z. Säugetierkunde, 50, Seiten 302-314

26 Mayer, M. (1993/1), *Warum Leistungsprüfung beim Haflinger?,* Bayerns Pferde Zucht und Sport, 45

27 Fillis, J. (1986), *Grundsätze der Dressur und Reitkunst,* Militär Verlag R. Felix

28 Zeeb, K. (1959), *Das Verhalten des Pferdes bei der Auseinandersetzung mit dem Menschen,* Z. Säugetierkunde, 6, Seiten 51-59

29 Zeeb, Klaus (1959), *Das Verhalten des Pferdes bei der Auseinandersetzung mit dem Menschen,* Z. Säugetierkunde, 6, Seiten 51-59

30 Hediger, H. (1934), *Zur Biologie und Psychologie der Flucht bei Tieren,* Biol. Zbl. Leipzig, 54, I und II

31 Tschanz, B. (1986), *Bedarfsdeckung und Schadensvermeidung – ein ethologisches Konzept,* KTBL-Schrift 319, Seiten 9-19

32 Waring, G.H. (1983), *Horse Behaviour*

33 Tschanz, B. (1985), *Sozialstrukturen beim Camarguepferd,* in: D. Franckh (Hrsg.), Verhaltensbiologie, tdv/Thieme

34 Schieke, M. (1977), *Paarungsverhalten beim Hauspferd – Motivation, Steuerung und Störmechanismen,* KTBL-Schrift 223, Seiten 146-153

35 Schieke, M. (1977), *Paarungsverhalten beim Hauspferd – Motivation, Steuerung und Störmechanismen,* KTBL-Schrift 223, Seiten 146-153

36 Klingel, H. (1967), *Soziale Organisation und Verhalten freilebender Steppenzebras,* Z. Tierpsychologie, 24, Seiten 99-117

37 Kolter, L. (1993), privat

Bildnachweis

Gerhard Borggreve: S. 86;
Sabine Küpper: S. 13, 24, 27, 28, 30 unten, 40 oben, 41, 45, 48, 51, 77, 90, 93, 111, 112, 115, 126 unten, 127, Umschlagrückseite;
Lothar Lenz: S. 30 oben, 54, 55, 58, 59, 63, 65, 68, 72, 73, 101, 114, 134, 142;
Friederike Rosenthal: S. 15, 16 (2), 22, 29, 83;
Alexandra Schedel-Stupperich: S. 11, 12, 19, 33 (2), 95, 97 (2), 104, 105, 107, 109, 122, 126 oben;
Christiane Slawik: S. 37, 40 unten, 50, 82, 119;
Sabine Stuewer: S. 9, 80, 130, 131.

Sachregister

CAVALLO
DM 6,50
Nr.4
Das Magazin für aktives Reiten
April 1997
Naturheilverfahren
Tierärzte auf Öko-Trip
Ist die Sonne schuld?
Rasseportrait Friesen
Die fliegenden Holländer
Service:
Was Steigbügel aushalten
Wie kranke Hufe geklebt werden
Mischlinge
Warum sie so robust sind
Psychologie
Wie Sie Beißer in den Griff kriegen
Vom Elite-Sport in die Sackgasse

CAVALLO
DM 6,50
Mai 1997
Das Magazin für aktives Reiten
Nr. 5
Medizin
Wann Tierärzte werben dürfen
Wanderreiten
Fitness-Training in 12 Wochen
Dominanztraining
So werden Sie zum Chef
Deutsche Warmblüter
Elite-Pferde ohne Zukunft?
Praxistest Bareback-Pads
Nur Fliegen ist schöner
Trensenbau
Gutes Zaumzeug selber machen
Harter Job in Arizona
Warum Frauen die besseren Cowboys sind
Auf den richtigen Sattel gesetzt
Große Kaufberatung
Alles über ● Typen ● Preise ● Probleme

CAVALLO
DM 6,50
Nr. 3
Das Magazin für aktives Reiten
März 1997
Der optimale Wanderritt
Welche Ausrüstung Sie brauchen
Leichttraben in der Kritik
Mehr Last als Lust
Rasseporträt
Pasos – töltende Traumtänzer
Die steile Karriere der Tinker
Service
Die besten Pferdebürsten
Medizin
Besseres Futter für die Zähne
Warum Aderlaß auch heute hilft
Psychologie
So werden freche Fohlen fromm
Die Kehrseite der Western-Szene
Profit statt Freizeitspaß
Zu wenig Ausbildung ● brutale Trainer ● knallharte Turniere